思い描いた未来が現実になる

GOLD VISION
ゴールドビジョン

プロコーチ
Kazuyoshi Hisano 久野 和禎

PHP

プロローグ

国際的なビジネスマンを目指し、
学生時代も社会人になってからも
真面目に勉強や仕事をこなしてきた**Aさん。**
さらに向上していこうと、
いつも**目いっぱい背伸びして**
ギリギリ届く、その少し先に目標を設定して、
意欲的に毎日を過ごしています。

Bさんは
自分が大好きなことばかり追いかけて、
口にするのはいつも突拍子もない夢。
あまりに**非現実的なことばかり言う**ので、
まわりからは「もう少し現実を見たほうがいいよ」と
言われています。

まだ若いふたりですが、
境遇的にも、金銭的にも恵まれ、
最期の瞬間、
「ああ、**幸せな人生だった**なあ」と、
つぶやくのはどちらでしょう?

答えはBさんです。

意外ですか?

実は、最新の認知科学によって、

「間違った目標設定」が、

かえって私たちの**成長を妨げる**ことがわかっています。

「間違った目標設定」とは、どういうものでしょう?
Aさんは何を間違えたというのでしょうか?

本書では、
一般的には「常識」と思われていることを
いくつもひっくり返していきます。
ゴールドビジョンによるブレイクスルーの世界を
体験してみてください。

ゴールドビジョン　《目次》

プロローグ　3

序章

ゴールドビジョンとは何か？

今の自分を変え、確実に目標を実現する方法　18
脳と心を上手に使うためのサポーター　21
日本人がより効果を上げるためのコーチング　23
ゴールドビジョンは自分が作り出すもの　28

第1章

どうして目標を達成できない人が多いのか？

「〜したい」と思うほど、できなくなる　32
脳は「現状維持」が大好き　37

前例という「盲点（スコトーマ）」 39
動物のゴールと人間のゴール 42

第2章
ゴールドビジョンで現状を超えて突き抜ける

世界企業は必ずゴールドビジョンをもっている 46
低いゴールより高いゴールのほうが達成しやすい 48
「燃え尽き症候群」にならないために 52
なぜ「年収1500万円」は目標にならないのか？ 53
もうひとりの自分、「無意識くん」を味方につける 56

第3章
いいゴール、悪いゴール

ゴール設定に必要な3つの軸 60

「すごい軸」で考える 61
「My Thing」で強力なパワーを出す 64
やりたいことだけやって、本当に大丈夫なのか 68
ゴールドビジョンの見つけ方――クライアントとのセッションから 70
ゴールドビジョンに「正解」はない 76
「たくさん軸」で人生を丸ごと幸せにする 79
「今が幸せ」な人もゴールは必要? 87
ゴールドビジョンに必要な3つの力 89

第4章 「未来の記憶」がゴールになる
――第一の力 未来を視る力

ゴールを「見る」、そして「感じる」 94
時間は未来から流れてくるもの 97
ゴールは必ず「現在形」で書く 101

朝に唱えるゴールのパワー 104
大事なのは「自分目線」 105
五感をフル稼働させる 107
成功したときの感情を取り出す 108
コンフォートゾーンに揺さぶりをかける 110
歯を磨くように「ゴールを視る」 112

第5章 脳に新しい回路を作る

――第二の力 自分を信じる力

ゴールを設定しても実現できない理由 116
「自分を信じる力」とは何か 120
「自己評価ばかり高い人」との違い 122
他人のモノサシを外す 124
「思考のクセ」を壊そう 128

セルフトークで新しい脳の回路を作る 133
質の高いセルフトークを「無意識くん」に刷り込む 137
セルフトークで人生は変わる 140
「無意識くん」の純度を上げる 143
自分の「湧き出し型セルフトーク」を書き出してみよう 145
セルフトークで「踏ん張る力」をつける 151
「君ならできる!」と言ってくれる脳内応援団を作る 155
自信に「根拠」はなくていい 159

第6章 ゴールドビジョンを劇的に引き寄せる

――第三の力 人を巻き込み動かす力

なぜ「セミナー難民」になってしまうのか 164
脳は「行動すべきとき」を知っている 167
コンフォートゾーンは「人」で作られる 169

リアルで場を共有する重要性 172
大きな差を生む「人を巻き込み動かす力」 174
(1) 一歩を踏み出すための「出会う力」 177
(2) ゴールの世界にとどまるための「つなげる力」 179
(3) 「信頼される力」がなければ相手にされない 183
(4) 「推薦される力」にはタグが必要 185
(5) 「伝える力」は「無意識くん」同士のコミュニケーション 187
(6) できる営業マンは「植える力」をもっている 189
(7) 「育てる力」なくしては、花は咲かない 193

終章
ゴールドビジョンで人生が変わる

ゴールドビジョンで人生が変わった 198
子供の頃から興味は「人助け」 200

「政治家になる」ために選んだ道 203
上司も先輩もいない、20代の経営者 205
入社半年でトップセールスを記録 208
コーチングとの出会い 211
自分自身のゴールドビジョンへ 213
「この道」を一緒に見つけていきたい 215

おわりに 218

参考文献

編集協力 株式会社天才工場 吉田 浩
秦まゆな
加藤裕子
装丁 齋藤 稔(株式会社ジーラム)

序　章

ゴールドビジョンとは何か?

今の自分を変え、確実に目標を実現する方法

はじめまして。プロコーチの久野和禎《ひさのかずよし》です。本書を手にしていただき、ありがとうございます。

もしかしたら、あなたは今、こんな思いを抱えているのかもしれませんね。

毎日忙しく、一見、充実しているようでも、心の奥底では、なんとなく今の自分に不安を感じ、かといって、具体的に何をどうすればいいのか、わからない……。

こんなもやもやした思いを引きずっている状態では、たとえ「仕事で成果を上げたい」と思っても、なかなかエネルギーは出てこないでしょう。

私の肩書きでもある「プロコーチ」は、ひとりでも多くの人が自分本来の能力に気づき、その力を最大限に発揮できるよう、お手伝いする仕事です。

日々大勢のクライアントさんに接していますが、実に多くの方が「自分は今のままでいいのだろうか……」と、現状に不安や不満を感じていることを実感しています。

それは、人も羨むような大企業に勤めていたり、高い年収を得ていたとしても変わりはありません。

最大の問題は、そういった方たちが「自分の真のゴールが何か」ということに気がついていないことです。

でも大丈夫。確実に「今の自分」を変え、「目標を実現」し、そのうえで新たなステージに進むための方法があります。

それが、ゴールドビジョン・メソッドです。

ゴールドビジョン・メソッドは、コーチングをベースにして私、久野和禎が開発したプログラムです。といっても、単なる思いつきではありません。

土台となっているのは、認知科学という学問です。認知科学は人工知能の発達とともに発展し、計算言語学、認知心理学、分析哲学などさまざまな学問と密接な関わりをもっています。

そして、現代の多くの科学のパラダイムにきわめて大きな影響を与えています。メディアによく登場する脳科学も、認知科学ととくに関連性が深い学問分野です。

いうまでもなく認知科学は「科学」です。そのため、結果にブレがありません。この点が、単なる経験則や思いつきとの大きな違いであり、認知科学を土台としているゴールドビジョン・メソッドもまた、方法論どおりにやっていけば、必ず結果を出すことができるものです。

実際、ゴールドビジョン・メソッドによって多くのクライアントさんが驚くほどの成果を上げていますが、それも認知科学の理論上、至極当然のことといえます。しかも、脳を味方につければ、一生懸命がんばらなくても、ありとあらゆることが、自然に実現できるようになるのです。

「本当にそんなことが可能なのだろうか」と思う方もいるかもしれません。

でも、認知科学によってわかった脳の上手な使い方を学べば、誰でも成果を上げることができるようになります。

脳と心を上手に使うためのサポーター

本題に入る前に、そもそもコーチングとは何か、ということについて少しだけ説明をしておきましょう。

人間が行なうすべての思考や行為は「脳と心（＝マインド）」によって生じているものであり、これを上手に使えるようにするのがコーチングです。

コーチという言葉は15世紀頃、現在のハンガリーにあたる地域で生まれたといわれています。当初は「馬車」を意味するものでしたが、それが転じて、「人を目的地まで連れて行く手段」という意味で使われるようになり、今ではバスや飛行機などの乗り物を表すこともあります。

つまり、コーチとは「目的地までたどり着くのをサポートする役目をもつ人」のことです。「目的地まで連れて行く」のがコーチですから、コーチングを行なう前提として、まずゴールがあることが必要です。ゴールがない場合には、ゴールを見つけることから始めます。

現在、スポーツからビジネスの世界までさまざまな分野で「コーチ」と呼ばれる人々が存在しています。

スポーツのコーチは一般的ですが、日本ではたいていの場合、スポーツコーチは技術的なことを教える役割が大きなウエイトを占めています。ですから、「コーチ」ではなく「インストラクター」というのがもっと近いのかもしれません。

また、ビジネスの世界でコーチと混同されやすいのが「コンサルタント」ですが、コンサルタントは問題解決方法を教えて、多くの場合、解決までするのが仕事。一方、コーチは問題解決方法の「見つけ方」を教えるのが仕事です。

わかりやすくいうと、成果という「魚」を与えてくれるのがコンサルタントならば、コーチはつり竿を与え、魚の釣り方を教えたうえで、さらに上手な釣り方を思いつく方法まで教えてくれます。どちらが優れているという話ではなく、それぞれの特徴があるわけですが、コーチングのメリットは「応用が利く」という点にあるといえるでしょう。

コーチと似た役目に「メンター」というものもあります。メンターは「指導者」「助言者」を意味しますが、職場の先輩などといった立場の人を指すことも多く、思考や判断の手助けをするというような役割です。その中で比較的「精神的なサポート」という側面も強く、明確に「目的地まで連れて行く」ことを目的としているコーチに比べるとゆるやかな関わり方になる場合が多いようです。

日本人がより効果を上げるためのコーチング

アメリカ人のルー・タイス氏によって創始されたコーチングの理論が日本に入ってきて15年以上が経ちましたが、現在「コーチング」という概念はかなり多様化しているように思います。

コーチングが広がっていることはとても嬉しいことです。

本質的な意味で、コーチングは単なる質問やコミュニケーションの技術ではなく、人間の能力を全方位的に高めることができるアプローチです。

「全方位的」というのは、つまりコーチングによって、仕事だけでなく家族、友人関係、趣味、健康、社会貢献など、人生のあらゆる方面での充実度を向上させることができるということです。もし興味があるようでしたら、ルー・タイス氏の代表的な著書は翻訳されていますので、ぜひ読んでみてください。

ルー・タイス氏は最初、心理学をベースとしたコーチング理論を構築し、そのメソッドをプログラム化しました。このプログラムは国内で広がり、国防総省、NASA、連邦政府機関をはじめ、アメリカの上位企業であるフォーチュン500の半数以上に導入されました。アメリカの中枢で彼の理論が重要な役割を果たしていた、といえます。

そこから、各国の政府機関や企業、あるいは国家元首や世界企業のCEOクラスへと伝播していき、彼の理論は世界的にも高い評価を受けるようになりました。

オリンピック史上最多の23個の金メダルを獲得している（リオ・オリンピック現在）水泳のマイケル・フェルプス選手も、彼の教え子のひとりであるように、スポーツの分野においても大きな実績をあげ、一般社会に「コーチング」という概念を普及させることに大きな役割を果たしました。

しかし、ルー・タイス氏はそうした成功に満足しませんでした。もともと、高校のアメリカンフットボール・チームのコーチだった彼は、自らのゴールとして「世界中の若者たちにコーチングを教える」というビジョンをもっていたのですが、そのために心理学のさらに先を行くパラダイムである認知科学を取り入れることにしました。そのとき、ルー・タイス氏に最先端の認知科学の知見を与えたのが、世界的な認知科学者である苫米地英人氏でした。

苫米地氏はルー・タイス氏の死後、その後継者として、日本を含む世界中でコーチングを広め、ルー・タイス氏が築いた理論をさらに発展させています。

詳しい経緯は改めて書いていきたいと思いますが、私は現在の仕事をする前、起業家としてビジネスを立ち上げる他、外資系など複数の大企業で働いてきました。

仕事で成果を出そうとさまざまなセミナーに通い、自分を成長させるヒントを求めて、自己啓発の本を山のように読む中で、苫米地氏の著書に出会い、「自分が求めていたものはこれだ！」と思いました。そして職場でコーチングを実践すると、面白いように成果が上がったのです。

その後、実際に苫米地氏に教えを受ける機会を得、自分自身、認定プロコーチの資格を取得して活動するようになり、大きな成果も上げることができました。しかし、もともとがアメリカで考えられたものであるため、そのままでは日本人にはわかりにくいところもあるようだと感じる面がありました。

そこで、経営者・ビジネスマンとしての自分の経験を活かして、日本人にとってより効果を高められるよう、従来のプログラムにアレンジを加え、発展させたものがゴールドビジョン・メソッドです。

これまで、企業のトップエグゼクティブや医師、弁護士、公認会計士などの専門職、営業マンはじめ、あらゆる職種のビジネスパーソンなど、男女を問わず、幅広い層の1000人以上の方に個人、グループの形でゴールドビジョン・メソッドによるコーチングを行ない、多くの方の人生に変革をもたらしてきました。

企業へのコーチングでは、経営者にとっての共通課題である「組織活性化」「モチベーションアップ」「イノベーション創出」「新規事業立ち上げ」「営業力アップ」などについて、多くのご相談をいただきます。

とりわけ、どのようにして「イノベーション」を起こすかはすべての経営者、マネージャーにとって重要な課題であり、ゴールドビジョン・メソッドを活用した「イノベーションの起こし方」について教えてほしいと、しばしば依頼されます。

ゴールドビジョン・メソッドを用いれば、これまでとは違う、高い視点をもつことが可能です。それは「他の人が気づかなかったこと」を次々と見つけ、事業に応用していけるようになっていく、ということを意味します。すなわち、「イノベーション創出」「新規事業立ち上げ」に効力を発揮するのです。

他にも、営業成績が100チーム中50位だったチームが、ゴールドビジョン・メソッドによってわずか3カ月間で4位にまで順位を上げたという例もあります。

企業や経営者の課題が「イノベーション」「新規事業」「営業力アップ」など多岐にわたっても、ゴールドビジョン・メソッドという共通の枠組みを使って成果を高めることができます。ゴールドビジョン・メソッドは、個人はもちろん、組織においても大いに活用していただける内容になっていることがすでに多くの事例で立証されています。

ゴールドビジョンは自分が作り出すもの

ゴールドビジョンは私の造語で、「ゴールド」にはGOLD（輝かしい）とGOALED（ゴールはすでに実現された）の2つの意味があります。実際にはGOALEDという英語はないと思うのですが、「すでに実現された」というニュアンスを出すために造りました。

「すでに実現された」と感じることができるような「輝かしい」未来を感じられたなら、すべての物事は可能になる、そう私は確信しています。

ゴールドビジョンは、自分が作り出す未来です。

「自分が作り出す未来」であるゴールドビジョンをどうやって設定するか、そして、それをどう実現するか、その方法をこれから本書の中でお伝えしていきたいと思います。

カギとなるのは、

「未来を視《み》る力」

「自分を信じる力」

「人を巻き込み動かす力」

という「3つの力」です。この「3つの力」を身につけ、自分の才能を最大限に発揮し、人生を開花させるために、ぜひ本書を役立てていただければと思います。

本書によって読者の皆さんが自分自身の真のゴールを見つけ、それを実現するきっかけになれば、これにまさる喜びはありません。

まとめ

- ゴールドビジョンとは、「すでに実現された」と感じることができるような「輝かしい」未来のことである。
- それを実現するために、「未来を視る力」「自分を信じる力」「人を巻き込み動かす力」という3つの力が必要である。

第1章

どうして目標を達成できない人が多いのか？

「〜したい」と思うほど、できなくなる

今までに、こんな経験はないでしょうか。

「稼ぎたい」と思うほど、稼げない。
「売りたい」と思うほど、売れない。
「やせたい」と思うほど、やせない。
「もてたい」と思うほど、もてない。

他にもいろいろとあげられそうですが、なぜ「〜したい」と強く思えば思うほど、そうできなくなってしまうのでしょうか。

結論からいいますと、「〜したい」と思っている人はたいてい「〜していない世界の住人」だからです。

たとえば、「稼ぎたい（あるいは、売りたい）」と思っている人はたいてい「稼いでい

ない（売れていない）世界の住人」で、それゆえに「稼げていない（売れていない）」状態になってしまっています。

逆に、相対的に少数ですが稼げている（売れている）人はいて、彼らは「稼いでいる（売れている）世界の住人」です。

ある人のパフォーマンスは、その人が「どのように願っているか」ではなくて「どの世界の住人」であるかによって決まってくるということなのです。

それではなぜ「稼いでいない（売れていない）世界の住人」になってしまうのでしょうか。

実は、これには脳の仕組みが関係しています。

大きな前提として、脳は、その仕組み上、２つの世界を同時に認識して維持することができない、ということがあります。

次ページの**図表1－1**は有名な図ですが、いったい何に見えるでしょうか。白の部分を見れば杯に、黒の部分を見れば2人の人間の横顔に見えます。しかし、両方を同時に見ることは不可能です。「いや、私には同時に見えているよ」という方もいるか

図表1－1 何に見えるでしょうか？

もしれませんが、それはあくまでも高速で切り替えているだけです。このことは、これから説明する脳の働きと大きな関係があります。

私たちが見ている世界は、自分の脳が「重要だ」と認識したものの集合体です。

脳幹という脳の部位に、外部からの情報に対してフィルターの役目を果たすRAS（Reticular Activating System＝網様《もうよう》体《たい》賦《ふ》活系《かっけい》）があり、RASのフィルターによって「重要」だと認識されたものだけを私たちは感じています。加えて前述のとおり、脳は2つの情報を同時に認識、維持することができないため、「重

図表1-2 三角形はいくつあるでしょうか？

要」とみなされていないものを、私たちは見逃してしまうことになります。

たとえば、**図表1―2**をご覧ください。この中に三角形はいくつあるでしょうか？

1個、2個、3個、4個……と答えた方は、残念ながらハズレです。

正解はゼロ、つまり、この絵の中に三角形はひとつもありません。なぜなら、三角形とは「3つの点と3つの線分からなる多角形」であり、それにあてはまる形はこの絵の中に存在しないからです。

それなのに、存在しないはずの三角形をこの絵の中で探そうとしてしまうのは、「この中に三角形がいくつあるか」という条件づけ（コンディショニング）が行なわれたためです。このように、条件づけによって重要なもの（この場合は三角形）が決まってしまうと、ＲＡＳはその「重要なもの以外」を見えなくしてしまいます。冷静に見ると、三角形とはいえない図が「三角形」にしか見えなくなってしまうのです。

これらのことを前提に、もう一度「稼ぎたい」「売りたい」に戻ってみましょう。

よく考えると、「稼ぎたい（売りたい）」と思っている人は「（本人が希望するほど）稼げていない（売れていない）からこそ、稼ぎたい（売りたい）」と思うのであって、つまり「稼いでいない（売れていない）世界の住人」である可能性が高いのです。

そうなると何が起きるでしょうか。

「稼いでいない（売れていない）世界の住人」である人が、「稼ぎたい（売りたい）」と繰り返し思ってしまうと、脳には「実は自分はあんまり稼げていない（売れていない）んだよね」という情報が、かえって強く刷り込まれ、しなくてもいい逆方向の条件づけとなってしまいます。その結果、脳はますます「稼げていない」「売れていない」現状を「重要だ」と認識し、「稼いでいない（売れていない）世界」のことばかりが見えるようになってしまうのです。

そんなの困りますよね。いったいどうすればいいのでしょうか。

ご安心ください。この困った事態の解決こそが本書のテーマですから、その答えは後ほどきちんとお伝えしていきます。

まずは「～したい」と強く思えば思うほど、そうできなくなってしまう、もうひとつの理由を説明させてください。

脳は「現状維持」が大好き

RASによって、「稼げていない」「売れていない」状態が「重要」だと脳が認識してしまうと、次に脳は自動的にその状態を維持しようとしてしまいます。

これが、「～したい」と思うほどそれができなくなる、もうひとつの理由です。

脳は現状維持が大好きです。これは生き残るための、いわば動物としての本能といえるでしょう。

原っぱにいる牛がそこに生えている草だけを食べ、すぐ横に生えているキノコを食べないのは、牛の脳が牛の生存にとって「重要」な草だけを認識し、キノコを含むそれ以外のものを見えなくしているからです。

草原や牧場で草を食べること、それが牛にとってのコンフォートゾーンです。

「コンフォートゾーン」とは、その人がそこにいて快適に感じる空間や状態のことです。面白いことに、現状維持が大好きな脳にとっての「快適」は、私たちが普通に思い描く「快適」とは違います。

たとえば、「通勤の満員電車」と「運転手つきのリムジン」。普通に考えたら、「運転手つきのリムジン」が快適に決まっていますが、毎日満員電車に揺られて通勤している人の脳にとっては「通勤の満員電車」が「快適」な場です。

脳にとっての「快適」は「慣れ親しんだ空間」のことだからです。脳が「通勤の満員電車」を「快適」と思い、そこをコンフォートゾーンにしてしまったら最後、私たちが「運転手つきのリムジン」の生活を手に入れるのはかなり難しくなります。

この「コンフォートゾーン」という言葉、これから何度も出てきますので、覚えておいてくださいね。

先ほどあげた「稼いでいない世界」がコンフォートゾーンになってしまうのも、そういう理屈によるものです。牛はコンフォートゾーンを変えてまで、キノコを食べることはありません。牛の脳が、生き残るために、「草を食べる」という現状維持を求めるからです。そして、それは牛にとっては正解です。

人間も動物ですから、やはり放っておけば、脳は本能的に現状を維持しようとします。「～したい」（例＝稼ぎたい）と思うほど、それができていない（例＝稼げていない）現状が強く認識され、その状態がコンフォートゾーンになってしまうことで、脳は一段とその状態を維持しようとする側面があるのです。

前例という「盲点（スコトーマ）」

長い歴史の中で、牛の脳は「草を食べれば生き延びられる」という情報をインプットし続けてきたはずです。牛にとって「草を食べる」ことは過去の情報の最適化だといえるでしょう。

人間の世界では、これは「前例」と呼ばれます。

牛の脳が草のすぐそばに生えているキノコを見えなくしてしまうように、「前例」は巨大な「盲点」を作り出します。ちなみにコーチング用語では、この「盲点」を「スコトーマ」と呼びますが、人間の脳も自然にしていると、RASによって過去に重要だった情報（前例）だけを認識し、それ以外の世界を見えなくしてしまいます。

いわば、私たちは過去の記憶によってできあがった世界の中で生きているようなものです。

ただでさえそんな状態ですから、前例にとらわれていると、現状がどんどん強化されてしまい、現状を突き抜けて新しいものを生み出すことはますます困難になります。

たとえば、ある企業で、期待して育ててきた女性社員が突然結婚、出産し退職してしまったという前例があると、「女性は結婚や出産でいきなり辞めてしまうから、男性社員を育てたほうが効率的だ」と一般化されてしまいがちです。

そうなると、「女性社員はすぐに辞める」という情報しか見えなくなり、その結果、「女性には責任のある仕事をさせない」という慣例ができてしまいます。せっかく優れた能力をもつ女性社員を、組織で活用できない仕組みが固定化されてしまうでしょう。

しかし現代の企業において、女性社員の力を活かすことは非常に重要です。「結婚・出産で辞めない女性もいる」「男性社員も、なんらかの理由で突然辞めてしまうことはある」「そもそも子育てをしたい女性が働きにくい環境である」といった盲点に気づかなければ、いつまで経っても、その企業は女性社員の能力を上手に活用できない組織であり続け、時代に取り残されてしまうでしょう。

女性に限らず、今はダイバーシティ（多様性）の時代ですから、外国人社員の採用においても、「前に採用した外国人は日本語がうまくなかったので、仕事にならなかった」といった過去の経験にとらわれていては、「最近では日本人並みに日本語が堪能な外国人も多い」という事実に目を向けることができず、優秀な外国人をみすみす取り逃がすことになるでしょう。

ここであげた2つの例以外でも、何かにつけて「前例」がもちだされ、新しい発想が許されないという経験は、多かれ少なかれ、たいていの方がもっているのではないでしょうか。しかし脳の仕組みからいえば、「前例」から外れたことを許さない組織や会社は、時代についていけずに必ず衰退していきます。

それは個人であっても同じです。何もしなければ「現状維持」になるのが生き物としての人間の本能ですから、過去に重要だった情報ばかりをインプットしていたら、現状から先に進むことはできません。

動物のゴールと人間のゴール

ところで、人間と人間以外の動物には大きな違いがあります。

動物のゴールは、生存本能としての現状維持です。しかし、人間のゴールは単に生き残ることだけではありません。

人間が現在にいたるまでにさまざまな文明を築くことができたのは、現状に飽きたらず、高いゴールを掲げて、ブレイクスルーを繰り返し起こしてきたからです。

文字や数字、衣服、さまざまな道具をはじめ、印刷、電球、ラジオ、自動車、テレビ、薬、コンピュータ……、今、私たちの身のまわりにあるものはすべて、その時代ごとの現状を突き抜けたブレイクスルーの産物です。もし、人間が他の動物と同じように現状維持というゴールで満足していたら、私たちは今でも原始時代と変わらない生活を送っていることでしょう。

これら、人間が起こしてきたブレイクスルーは、まさにゴールドビジョンの賜物です。

人間である以上、私たちは皆、現状を超えて進化していくことができるはずです。さらに、めまぐるしいほどのスピードで変化していく現代においては、「現状維持」のままでは生き抜くことすら難しいといえます。

では、本能である「現状維持」という脳の仕組みを、どうやってゴールドビジョン実現のために働かせることができるのでしょうか。

次章からは認知科学の理論に基づき、その具体的な方法を説明していきたいと思います。

まとめ

- 脳は現状維持が大好き。
- 何もしないでいると「望んでいる状態」よりも、「慣れ親しんだ現状」を維持、強化してしまう。

第2章

ゴールドビジョンで現状を超えて突き抜ける

世界企業は必ずゴールドビジョンをもっている

前章で、人間の文明はゴールドビジョンによって発展してきたという話をしましたが、現代においても同じことがいえます。

ウォルト・ディズニーには、ディズニーランドがまだ世界に生まれていなかったとき、ただひとり、切り拓かれた土地にシンデレラ城がそびえ建つビジョンがはっきりと見えていました。しかし彼以外の人間は、兄のロイ・ディズニーを含め、ディズニーランドの話を「夢物語だ」と一笑に付しました。

それでも、ウォルトは彼の頭の中に細部にいたるまで見えていたビジョンをデザイナーとともに1枚の絵に仕上げて、スポンサーに熱く説いて回り、彼ひとりの空想にすぎなかった「夢の王国」を現実の世界に作り上げたのです。

また、コンピュータが軍事や大企業などの利用に限られていた時代、アップル社を創業したスティーブ・ジョブズは、「普通の人にパーソナルコンピュータを届ける」

というビジョンをもち、それを実現した後は「宇宙にインパクトを与える」と公言し、全社員に「まだ誰も見たことがない製品を作れ」と命じました。

彼のその途方もないビジョンはiPadやiPod、iPhoneによって世界中の人々の生活や文化を根底から変えることで実現されたことを私たちは知っています。

世界トップクラスのブランド価値を維持するグーグル社のビジョンは「ワンクリックで世界中の情報へのアクセスを可能にする世界」です。今となれば当たり前に聞こえるこのビジョンですが、グーグル以前に、そうした世界が見えていた人がいったいどれだけいたでしょうか。

海外の企業だけではありません。ソフトバンクの孫正義社長は、会社を立ち上げた頃、みかん箱の上に立って、「今後数十年で事業規模1兆円の会社を作る」と宣言しました。

当時はまだ中小企業とも呼べない小さな会社で、大言壮語ともいえるビジョンを聞かされた当時のアルバイトや社員たちは皆、あきれて辞めてしまったといいます。ところが、その後、ソフトバンクが孫氏の宣言どおりに発展したことは、ご存じのとおりです。

ちなみに、孫氏のはるか以前に、ホンダの創業者、本田宗一郎氏がみかん箱の上に立ち、「世界のホンダになる！」と宣言したというエピソードもよく知られています。

これらの数々の世界企業の例が示すように、現状を超えるような高いビジョンを掲げなければ、新しいことを生み出すことはできません。

誰もが「不可能だ」と思うようなこと。

まだ誰も実行してもいない、考えてもいない世界。

それがゴールドビジョンであり、世界企業にまで発展するような企業は、そうした現状を超え、さらにその先へと突き抜けるビジョンをもっているからこそ、繁栄にいたることができているのです。

低いゴールより高いゴールのほうが達成しやすい

ここまで読んで、「ウォルト・ディズニーやスティーブ・ジョブズは天才だから、不可能を可能にすることができたんだろう」と思った方がいるかもしれません。

たしかに、直感的にゴールドビジョンを獲得した彼らは天才です。

でも、あなたが彼らのようになってはいけないという理由などないはずです。

彼らのような天才ではなくても、脳が働く仕組みを学べば、ゴールドビジョンを見つけ、実現することは、決して難しいことではありません。そして、ここに脳の「現状維持」を突破する秘密があります。

まず必要なのは、「ゴールを設定すること」です。ゴール設定によって、「無意識」にそのゴールが浸透していきます。そして「無意識」が働き始めるのです。ゴール設定がなければ、「無意識」が働くことはありません。

ちなみに、ゴールを設定するときは、なんとなく頭で思い浮かべるのではなく、紙に書き出し、ときには声に出して読み上げると、よりパワフルに「無意識」に働きかけることができます。

さらに、孫正義氏がみかん箱の上で宣言したような、明らかに現状の外にありそうなゴールを設定することが重要です。

年収５００万円の人であれば、「年収５０００万円を稼ぐ」。
ＴＯＥＩＣ４００点であれば、「ＴＯＥＩＣ９５０点を取る」。
「そんなの無理」という声が聞こえてきそうですが、現状を超えて突き抜けるためには、こうした現状をはるかに超えたゴール設定が必要です。

ではなぜ、「年収８００万円」「ＴＯＥＩＣ６００点」といった、がんばれば手が届きそうなゴール設定ではいけないのでしょうか。

それは、繰り返しになりますが、脳は「現状維持」が大好きだからです。現状を少し超えた程度のゴールは、脳にとっては現状の一部にしか感じられません。

脳が「ああ、この程度のゴールなら今までどおりでいいんだ」と判断すると、「現状＝コンフォートゾーン」という安定した状態を変えるために必要なだけのエネルギーが生まれず、ゴール実現のための活動も行なわれないので、結果、「ゴールが実現しない」ということになりがちなのです。

しかし、「年収５０００万円」「ＴＯＥＩＣ９５０点」といった、現時点では一見するとありえないゴールを設定すると、現状の中でコツコツやっていては実現できませんから、脳が現状の外で考え始めるようになり、発想に大きな飛躍が生まれます。それにより、現状とは次元が違う発想、そして成果を生むことが可能になるのです。

「次元が違う」と書きましたが、これはいわば雲の上に顔を出すようなイメージです。雲の上から地上を見れば、広く全体を見渡せるように、高いゴールをもてば、それまでの自分の現状がいかに狭かったか、また、いかに多くのことが盲点になっていて見えていなかったか、ということに気がつきます。その結果、物事の本質をとらえられるようになり、誰も気がつかなかった突破口を見出せるようになるのです。これを「イノベーション」といいます。

「現状を超えて突き抜ける」とは、あなたが今、「常識」としてとらえている世界の天井（雲）を超えて、その上に立つこと。そして、その天井を踏み切り台にして、より高く跳び上がることを意味します。

本書で「現状を突き抜ける」といった言葉が出てきたときも、この力強い二段跳びをイメージして、脳に刷り込んでください。

「燃え尽き症候群」にならないために

輪ゴムを少しだけ引っ張って飛ばすより、思いきり引っ張って飛ばすほうが勢いよく遠くへ飛んでいくように、近くの目標より遠くの目標のほうが大きなエネルギーが生まれます。脳が達成に向けて働くようになるのは、手が届く低いゴールよりも一見、実現不可能なような高いゴールなのです。

また、ゴール実現に近づくにつれてゴールに向かうエネルギーが弱まるので、実現する前にゴールを更新し、再設定することが必要です。これをしなければ、ゴールが実現した後、新たなエネルギーを生み出すことができずに、いわゆる「燃え尽き症候群」になってしまいます。

設定したゴールが、手が届くような低いものであれば、実現に近づくにつれてエネルギー切れになってしまいます。一方、常に高いゴールを設定していれば、それに向かう大きなエネルギーが生み出されるため、「燃え尽き症候群」になっている暇はありません。

そして、いよいよゴールに近づいてきたら、そこで止まらずに、新たな高いゴールを見つけていくことで、さらに大きなエネルギーを生み出すことができるのです。

細かいことですが、ゴールを「達成」したと思うと、とたんに「終わった感」が漂い、人は安心してしまいます。安心は現状維持を呼び、新たなゴールへ向かうエネルギーを生み出しづらくする側面があるため、注意が必要です。

なぜ「年収1500万円」は目標にならないのか？

ゴールを設定するときは、「このゴールは現状の外か」ということを常に意識してください。

ちなみに、「年収1500万円」は高いようでいて、現状の外にあるゴールではありません。もし今いる会社で順調に出世して社長になれば、おそらく実現可能な年収だからです（自分が所属する会社の社長の年収が2500万円の場合も同じことです。その場合には、1500を2500と置き換えて読み進めてください)。

たしかに社長になるのは簡単ではありませんが、現状を続けていけばたどり着く可能性のある、いわば現状の延長であることには変わりありません。実現できるかどうかは「確率の問題」といってもいいすぎではないでしょう。単にサラリーマン社会の価値観として「社長を目指す」だけなら、それは現状を超えて突き抜けるゴールドビジョンとはいえません。

もうひとつ、とくに大事なのは、そのゴールが心からやりたいことなのかどうか、という点です。

「年収5000万円」という数字だけを追いかけても意味がありません。もしFXや宝くじで「年収5000万円」を実現したとしても、それは本当の意味でゴールを実現したということになるでしょうか。

「TOEIC950点」も同じです。スコアだけ高くても、高い英語力を使って何をやりたいのかという目的がなければ、ただの自己満足で終わってしまいます。

では、「自分が心からやりたいことをビジネスにして独立起業、それで年収500

0万円を稼ぐ」というゴールならどうでしょう。

あるいは、「毎月海外出張をするような仕事に就いて海外を飛び回るために、TOEIC950点は欲しい」というゴールであれば、単に「950点を取る」ために勉強するよりも、ずっとやる気が出るはずです。実際に海外で仕事をしている自分を強くイメージすることで、より高いエネルギーで英語の習得に励めるでしょう。

要するに、脳がゴール実現に向けて働くようにするために必要なことは、たった2つだけなのです。

- いいゴールを設定すること
- ゴールの世界のコンフォートゾーンの臨場感を高めること

現状を突き抜けたゴールを設定し、ゴールの世界の臨場感が十分に高まると、自分にとって重要なものが変わり、脳は「今のままではゴールを実現できない」と無意識に考え、RASのフィルター機能により、重要なこと、すなわちゴール実現に必要なことしか見えなくなって、ゴールに向かって進むエネルギーを自然と生み出します。

「現状」というコンフォートゾーンよりもゴールの世界のコンフォートゾーンの臨場感のほうが高ければ、脳はそちらへ全力で向かおうとする、ということなのです。

もうひとりの自分、「無意識くん」を味方につける

ここで重要なことは、「脳が『今のままではゴールを実現できない』と無意識に考える」というところです。

無意識に考える、つまり、自分では意識していなくても自然とそうなっている状態といえます。

たとえば、呼吸をするとき、私たちは常にそのことを意識しているわけではありません。心臓もまた、無意識のうちに動いています。それと同じレベルで、ゴールの世界の臨場感を無意識に感じ、脳が勝手にそちらへ向かおうとする状態にするのです。

この無意識は、いってみれば、「無意識くん」とでも呼ぶべき、もうひとりの自分

です。そしてゴール実現のためには、「無意識くん」を味方につける必要があります。「稼ぎたい」「売りたい」と思えば思うほどそれができなくなるのは、「無意識くん」が「稼いでいない」「売れていない」状態をコンフォートゾーンとして認識しているからです。

ですから、「稼いでいるのが当たり前」「売れているのが当たり前」と「無意識くん」が思えるようにすれば、脳は自動的に「（そうなっていない）今の状態は自分らしくない」と考え、そうあるべき「稼いでいる」「売れている」自分になるように強いエネルギーを生み出します。

ちなみに、「自分はきっと稼げるようになる！」「自分は必ず売れるようになる！」と自分に言い聞かせている段階では、まだ「無意識くん」はそう思ってくれてはいません。1％の迷いもなく、呼吸や心臓の鼓動と同じぐらい当たり前のこととして、「自分は稼いでいる」「自分は売れている」と思っている状態が目指す姿です。

いかに「無意識くん」をその気にさせるかは、ゴールドビジョン実現の大きなポイントになります。まずは、もうひとりの自分である「無意識くん」の存在を意識することから始めてみてください。
「無意識くん」の存在を意識するために効果的な方法として、「セルフトークの拾い上げ」があります。セルフトークは「自分で自分に語りかける言葉」のことですが、こちらは第5章で詳しく取り上げますので、そこで「無意識くん」を意識する方法についても触れたいと思います。

まとめ

- ゴールを実現するためには、「いいゴール」を設定し、「ゴールの世界のコンフォートゾーンの臨場感を高めること」が必要。
- 現状を超えて突き抜けるためには、「無意識くん」を味方につけることが重要である。

第3章

いいゴール、悪いゴール

ゴール設定に必要な3つの軸

ゴールを実現するためには、がんばらないといけない。

ゴールの数は絞ったほうがいい。

こんなふうに思っている方は多いかもしれません。

でも、これは間違いです。

がんばらなくてもゴールは実現できますし、たくさんのゴールがあったほうが幸せな人生を送れます。この章では、その理由について説明していきましょう。


第2章で「ゴールは現状の外に設定しなければならない」という話をしましたが、いったいどうすればそのようなゴールを設定できるのでしょうか。

実際のところ、現状がコンフォートゾーンである私たちにとって、「現状の外」にゴールを設定することは非常に難しく、それをやってのけたディズニーやジョブズは、それゆえに天才なのだと思います。私のクライアントさんの中には「ゴールを見つけることがゴールです」という方もいるくらいですが、どうすれば現状を超えたゴールになるのか、すぐにわからないのは当然のことなのです。

そこで、ゴールドビジョン・メソッドでは、「すごい軸」「やりたい軸」「たくさん軸」という3つの軸で考えることを勧めています。

「すごい軸」で考える

「すごい軸」は、まさに「現状の外にあるゴール」そのものですが、具体的にどうすれば「現状の外」になるのか、例をあげながら見ていきましょう。

一番シンプルな方法は、「数」を大きくすることです。目指す収入や資産の金額を1桁、あるいは2桁大きくすることで「現状の外にあるゴール」として設定するような例はイメージしやすいと思います。あるいは、友人の数を増やすというのも「数」を大きくする例です。

他には、「長くする」という方法もあります。自分の寿命、もしくは現役で働いている期間を飛躍的に長くするというのも、「すごい軸」の一例でしょう。

もっといいのは「ゴールの『抽象度』を高める」という方法です。「抽象度」とは、「包摂《ほうせつ》関係にある前提での情報量の大小の度合い」という意味の言葉です。認知科学の重要な概念であるlevels of abstractionという言葉を説明するために、苫米地英人氏が考案した造語です。

わかりやすく表現すると、物事を抽象化する度合いのことで、抽象度が上がるということは視点が上がり、物事をより抽象的にとらえていることを意味します。

抽象度を高めることでゴールを「すごい軸」にする例としては、次のようなものがあげられます。「今いる会社の社長になる」という現状の延長線上にある、いわば「すごくない軸」のゴールを、「業界を変えるような仕事をする」に変えることで「すごい軸」のゴールにすることができるのです。

ゴールの抽象度が高まると、影響を与えている人の数が増えます。

たとえば、「資格を取得して、仕事のレベルを上げたい」というゴールの抽象度を高めて、「その道を究めて自ら資格を作りたい」というようにすると、影響を与えている人の数が増えて「すごい軸」のゴールに近づいているといえるでしょう。

もちろん、単に「数字を増やす」という方法であれば、「70歳まで元気に暮らす」を「100歳」まで引き上げる、あるいは音楽が趣味で「ライブハウスに出たい」と考えているなら「5000人が入るような会場で、トップレベルのミュージシャンと毎月一緒にライブをする」とすることで「すごい軸」にすることができます。

こんなふうに、エクササイズのような感覚で、まずは仮に設定した自分のゴールを「すごい軸」に書き換えていきましょう。繰り返していくうちに、すぐにはわからなくても、次第に何が自分にとって重要なのかがわかってきて、雲の間からチラチラ見えてくるように、「現状を超えたゴール＝ゴールドビジョン」が見えてきます。

いろいろと試してみて、よさそうなゴールができたときに、それがうまく「すごい軸」のゴールになっているかをたしかめるために「そのゴールの実現方法がわかるかどうか」という点に着目する判定方法があります。

考え方はシンプルです。まず「実現方法がわかるゴール」は現状の中です。一方、

「実現方法が皆目見当のつかないようなゴール」は現状の外の可能性が高いです。

たとえば、ニューヨークやアブダビ、あるいは南極に行きたいと思った場合に、仮に行ったことがなかったとしても、そこに行く方法はだいたい見当がつきますよね。ですので、これらは現状の中にあると考えられます。

一方、火星や木星に行く、だったらどうでしょうか？ たいていの人はどうすれば行けるのかわからないと思います。これならば現状の外のゴールだということができるでしょう。

「My Thing」で強力なパワーを出す

このように、いろいろな方法があるにはあるのですが、いきなり「現状の外にあるゴール」を考えろといっても、なかなかできるものではないかもしれません。そこで、最初は仮のゴールを考えることにします。

まず、「自分がやりたいこと」、つまり「やりたい軸」で考えてみます。

年収やTOEICの例でも述べたように、「5000万円」「950点」という数値だけをゴールにしても意味はありません。大事なのは、何をやることでその数値を目指すのかということです。たとえ「年収1億円」になったとしても、それが自分が嫌々やり続けた仕事の結果だとしたら、ゴール実現の喜びなどとうてい得られないでしょう。

心からやりたいことをやると、脳が活性化し、パワーが生まれます。ゴールが「やりたいこと」であれば、歯を食いしばってがんばらなくても、自然とそのために行動するようになるのです。

子供が夢中で遊んでいるとき、彼らは決してがんばってなどいません。文字どおり、寝食を忘れて遊びに熱中します。

大人であれば、たとえば好きなゴルフに行くときは、目覚ましをかけなくても自然と目が覚めてしまうでしょう。「早くゴルフをしたい」という気持ちが強いので、「早起きがつらい」ということはないはずです。

企業を例に考えると、大きな会社の雇われ社長が環境変化を見落として経営の舵取《かじと》りを誤ることがあるのは、単に企業の規模が大きくて目が行き届かないからではなく、「心からやりたいことをやっているわけではないから」ではないかと私は思っています。

大企業で社長の座まで登りつめたのですから、彼らは非常に優秀です。それなのに信じられないような見落としをして、会社の危機を招いてしまうのは、彼らにとっては「社長になる」ことがゴールであって、ゴールが達成されたことで脳がエネルギーを出さなくなってしまい、現状維持モードに入っているためだと考えられます。

社長業をwant to（〜したい）ではなく、have to（〜しなければならない）の意識でやっているため、RASが正しく働かず、大事なことが盲点となり、ときに会社の存続を揺るがすような重大なことすら見落としてしまうのだと思うのです。

一方、創業社長は、その会社で成し遂げたいゴールがあるので、どんなに大きな企業であっても、環境の変化を見落とさずに適応し、成長を続けているケースがほとんどです。こうした創業社長にとっては、社長の仕事はhave toではなく、まさに心からやりたいことなのでしょう。

仕事にしても勉強にしても、have toだからとやるよりも、自分がやりたいからやっているときのほうがたくさんのエネルギーが出て、高い成果を上げられるものです。

また、心からやりたいことをやっていると、日々の生活とゴールが完全に一致しているので、「無意識くん」が成功に必要な情報をキャッチする度合いが高くなります。

さらに付け加えたいのは、嫌なことをやり続けていると、have toよりもさらにマイナスなため、ポジティブなエネルギーがますます出なくなってしまうことです。

私のコーチングを受けに来られた40代のクライアントさんは「出世のために、上司にごますりばかりしている同僚」や「不本意な職場に配置されても、会社にしがみついて生きることしか考えていない先輩」を目にし、「自分は定年までそんな人生を送るのは嫌だ」と思ったことがコーチングを受けるきっかけになったそうです。このクライアントさんは、嫌なことをやり続けることが自分にどんな悪影響を及ぼすのか、薄々ながら気づいたのでしょう。

「心からやりたいこと」を英語では「My Thing」といいますが、自分の「これ」を見つけることは、想像以上に私たちをパワフルにしてくれます。ゴールドビジョンに、have toも「嫌なこと」も禁物です。心からやりたいことだけに向かいましょう。

やりたいことだけやって、本当に大丈夫なのか

「そんなことといったって、現実に生活もある。自分がやりたいことだけをやっていたら、家族を路頭に迷わせてしまうことになる」

そう思った方も多いかもしれません。

かつて私も同じように考えていましたので、その気持ちもわかります。ですが、何もいきなりすべてを放り出して「やりたいことだけをやりましょう！」といっているわけではありません。

心からやりたいことを中心に毎日を送ることを心に決め、現状の外のゴールを設定したら、もう昨日までの自分とはまったく違います。

そして、毎日少しずつ自分がやりたいことに費やす時間を増やしていけばいいの

です。

ゴールを設定している以上、あなたの人生は確実にあなたが望む方向に向かって進んでいきます。それを続けていけばいいのです。

ちなみに、私のクライアントさんの中には、「やりたい軸」を突き詰めていった結果、「独立して、起業する」という（中間の）ゴールにたどり着く人もいます。

そんなとき、私はその方の「無意識」の自己確信レベルを確認します。そして、まだ「自分を信じる力」が十分でない場合には、まずその力を高めることを勧めています。

せっかく「やりたい軸」を見つけたのに水を差すようですが、「やりたい軸」で突き進んだ場合にうまくいくかどうかは「自分を信じる力」（第5章で詳述します）のレベルで決まってきますので、この確認は欠かせません。

「やりたい軸」でゴール設定ができたからといって、猪突猛進、一直線に前に進むことだけがいいというわけではないのです。

繰り返しになりますが、いきなりすべてのhave toをなくす必要はありません。大切な生活のためにやっていることはそのまま維持し、少しずつ自分が心からやりたいことの割合を高めていけば、いつか、すべてのことがwant toになっている世界にたどり着くことができます。

私もこのようにやってきたおかげで今はwant toのことしかやっていませんが、決して最初からそうだったわけではないのです。

ゴールドビジョンの見つけ方
——クライアントとのセッションから

ここで、私が日頃クライアントさんとのセッションで行なっているやりとりを例示し、どのようにしてその方が自分のゴールドビジョンを見つけていくのか、そのプロセスの一端を見ていただきたいと思います。なお、以下にあげる会話の内容等は特定の個人のものではなく、多くの事例を一般化したものとお考えください。

初回のセッションで

クライアントA氏（以下、A氏）「ずっともやもやしているんです」
久野「そうですか、それはなぜでしょう」
A氏「長い間、この会社で仕事をしてきて、それ相応のポジションに就かせてもらい、収入もある程度のところまではいったのですが、この先が見えないんです」
久野「そうなんですね。本当はどうしたいんですか？」
A氏「本当はどうしたいか、ですか（しばし、考え込む）。考えたことないな……」
久野「そうですか。でも、ここで話していただいているということは、きっと、どうにかしたいんでしょうね」
A氏「はい、そうだと思います」
久野「焦らずにゆっくりと考えていきましょう。そのうちわかりますよ」
A氏「そういうものですか？」
久野「はい、そういうものです」

Ａ氏「わかりました、焦らずにじっくり考えていきます」

1カ月後、2回目のセッションで

Ａ氏「久野さん、だいぶん見えてきました」
久野「そうですか、どうなりました？」
Ａ氏「ゴールを更新したらわかってきました。これを見てください（ゴールを書いた紙を取り出す）」
久野「なるほど、以前は『同期で一番に役員になる』というゴールだったのが、『定年になったらやりたいと思っていた事業を、定年後まで待たず、今実現させる』というふうになったんですね」
Ａ氏「はい。自分が心から望むゴールを設定しようと考えてみたら、自分は会社のために働いているのではなく、自分のために生きているんだ、ということに気がついたんです。実は定年になったらやりたい事業があったのですが、今までは、それはあくまで定年後の夢にすぎませんでした。でも、ゴールについて考えることで、本当にやりたいことは、その夢の周辺にあることが見えてきたんです。それなら、先送りする意味はないと思ったんです」

久野「なるほど。そういうことなんですね」

A氏「もちろん、ここまでがんばってきたのだから、定年まで会社にいるという選択肢も考えてみました。でも、心が向かないことを続けるのはどうなのだろう、という疑問があります。一応、転職も視野には入れていますが、自分のゴールが何かがはっきり見えたので、すべてはそれに沿って動いていくことになると思います」

久野「やりたい軸でゴール設定した結果、大きく前進ですね。素晴らしい！」

A氏「はい！　これを書いたら、いろいろアイデアが湧いてきて、日本で最初にこれを始めた◯◯さんという方がいるんですが、会ってみたいなあと思っていたら、なんとお客さんの友達だったんですよ。それで、ぜひ紹介してほしいと話してみたら、先方も快諾してくれて来月一緒に食事に行くことが決まっているんです！」

久野「おおー、それはすごい前進ですね」

A氏「はい、久野さんのおかげです。ありがとうございます！」

久野「いやー、よかった。僕はここでコーヒー飲んでいるだけですけどね（笑）」

Ａ氏「いや、久野さんがいろいろ教えてくれて、ゴールを更新しないと、って思っていたらこういうゴールが見えてきたんですよ。こうやって道って拓けるものなんですね」

久野「そうですね。簡単でしょう？」

Ａ氏「まだ簡単なのかどうか言い切れませんが、とにかく今回はすごくうまくいきました」

久野「そうですね。では、もっと先に進む方法をお教えしますね」

Ａ氏「え、それは、なんですか？」

久野「最初から、○○さんのビジネスパートナーになるつもりで会いに行ってくださいね」

Ａ氏「え？　だって、大先輩なのに……」

久野「それは過去の話ですよね。僕は未来の話をしているんです。これから対等のビジネスパートナーになったって問題ないですよね。そういうゴールドビジョンをもって会うと、その思いは無意識を通じて相手に伝わります。尊敬されますよ」

A氏「なるほどー、奥が深いですね」

久野「はい、でも慣れればわかります。そういうものなんです」

このクライアントさんは、やりたい軸を突き詰めた結果、自分のゴールを見つけることができました。そして、そのゴールをさらに突き抜けたものにするために私が与えた助言は、「その分野の大先輩と対等のビジネスパートナーになるつもりで会いに行く」というものでした。このようにして、ゴールは常にさらに高い次元へと更新されていくものなのです。

私はこうした会話を毎日たくさんしています。クライアントさんがそのときごとに設定している最新のゴールしか見ていないので、前に彼らが言ったことを一つひとつ覚えてはいませんが、パターンは違っても、「ゴールを見つける」という意味では、どのセッションでもまったく同じ内容といえます。

「これでもう3回目のセッションなのに、まだゴールが見つからない」と訴えるクライアントさんもいますが、焦る必要はありません。これまでの経験から、そんな方でも4回目か5回目には必ず、決定的な自分だけの「何か」をつかむことができます。

そして、自分のゴールを見つけた喜びを胸に、どの方も明るい顔で帰っていくのです。

ゴールドビジョンに「正解」はない

ちなみに、ゴールドビジョンに誰にでもあてはまるような「正解」はありません。

ある人にとっては「業界を変えるような仕事をしたい」がゴールドビジョンであっても、別の人のゴールドビジョンは「トップレベルのミュージシャンとライブ」かもしれません。何が「現状を超えたゴール」なのかは人それぞれで、その人にしかわからないものです。

ですから、誰かに「あなたには、こんなゴールドビジョンがいいのではないか」と教えてもらうことはできません。自分のゴールドビジョンは自分で見つけなければならないのです。

自分にとって「本当に大切なこと」は何か……。

今まで大事だと思っていたことは、これからの人生でも大事なのだろうか。

年齢的（あるいは能力的）に「どうせ無理だ」とあきらめていたことでも、方法次第で実現できるのではないか。

そんなふうに自分が本当に求めるものを見つめていくうちに、あなただけのゴールドビジョンが次第に姿を現してきます。他人からはひょっとしたら取るに足らないものに見えるかもしれない、でも、そんなことは関係なく、あなたにとってのゴールドビジョンの価値は変わりません。

世間一般では「高い年収」や「出世」に価値があっても（そもそも、その価値観自体が問題なのですが、それは後述します）、自分にとって「金銭より社会貢献」が大事なのであれば、誰がなんといおうと、そこに沿って生まれたゴールドビジョンに強い誇りと自信をもてるはずです。

私のコーチングを受けたクライアントさんは皆、それぞれのゴールドビジョンにたどり着いたとき、「これだ！」とはっきりわかると口をそろえます。

あるクライアントさんは、「自分の人生の舵を手に入れた」、つまり「自分で自分の行きたい方向に行けるようになった」と話してくれました。

文字にすると当たり前のようですが、無意識のうちに親や周囲の価値観に沿うことを優先し、自分が本当にそうしたいと思う人生を送れない人は多いようです。このクライアントさんは、「自分のゴールドビジョンを見つけることで、見えるものが変わり、気持ちのもちようが変わり、すべてあるべきように物事が動いていくようになった、その感覚は、『誰かのボートにぼんやり乗ってしまったままの状態』あるいは『漂流して進む方向を見失っていた』以前とは、まったく違う」といいます。

自分だけのゴールドビジョンを見つけた喜びは、まさに人生の目的を得た幸せそのものといえるかもしれません。「私は今本当に幸せだと思うし、これから先もずっとそうだと思えます」というクライアントさんの言葉を、多くの方に実感していただきたいと思います。

「たくさん軸」で人生を丸ごと幸せにする

3つ目の軸である「たくさん軸」は、文字どおり、たくさんのゴールを設定することです。

こういうと驚く方が多いのですが、どうやら「ゴール＝仕事」という思い込みがあるようです。

もちろん、仕事のゴールは重要です。しかし、それだけではまったく不十分といえます。

「たくさん軸」になじんでもらうために、私のクライアントさんには、最低100個、やりたいことを書き出してみるよう勧めています。

私自身も20代の半ば頃、自分がやりたいことを300個書き出したことがあります。それは、たとえばこのようなものでした。

●自分が心からやりたい事業を立ち上げて経営する
●経営のプロになる
●時間の自由を獲得する
●お金の不安がない生活をする
●一流の人と友人になる
●大きな美しい公園の近くに住む
●自分のウェブサイトをもつ
●本を出版する
●政治家が意見を聞きに来るような人物になる
●英語を自由に使いこなせるようになる
●定期的に体のメンテナンスをする
●世界一やさしい人間になる

40代前半の現在までに、ここにあげたことも含めて、その90%を実現しました。ちなみに、実現していない残りの10％はこんな感じのことでした。

- プライベートジェットを所有する
- 家にプールを作る
- お抱えのシェフを雇う
- 高層ビルに住む
- タップダンスを習う

後になって見れば自分にとって大して重要ではないことがわかったので、その意味では「100％やりたいことをかなえられた」といえるでしょう。

さて、なぜ、ゴールがひとつではいけないのでしょうか。

ひとつのことに打ち込み、道を極めるという生き方も否定はしません。しかし、人生は仕事や家族、友人、趣味、社会貢献など、さまざまな要素で成り立っており、その中のひとつだけゴールを実現しても、他がまったくダメだったら、幸せな人生とはいえないでしょう。

たとえば、一世を風靡《ふうび》した天才プロスポーツ選手がその専門の種目において圧倒的な成功をおさめたものの、バランスを欠いて家庭を崩壊させ、スキャンダルの嵐に見舞われてしまう例もあります。高い能力と実績を有する超一流選手ですら不調から抜け出せないまま、長期の低迷を余儀なくされてしまうことがあるのです。

この例のような有名人でなくても、高度成長期のモーレツ会社員にも同じようなことがいえるでしょう。彼らは仕事においては充実していたかもしれませんが、家族を顧みずに仕事漬けの日々を送り続けた結果、定年退職後、目標を見失ってしまい、ぼんやりしてしまう人が多いようです。ひどい場合には長年ほったらかしにしてきた家族との関係が断絶して、さびしい老後を送っていたりします。

しかし、モーレツ社員の虚しい定年後の人生は、決して他人事ではありません。私がコーチングを行なっている企業には名前をいえば誰でも知っているような会社がいくつもありますが、実際、仕事以外のゴールを思い浮かべるのに苦労する方も少なくありません。

もしあなたがそのひとりだとしたら、自分にとって仕事以外にどんなゴールがあるのか、まずはそこから考えてみることをお勧めします。

ゴールは多方面にわたって、そして、できるだけ多く設定する必要があります。最低でも、あなたの人生にとって重要な項目を8個くらい、できればその倍の16個くらいは書き出し、それぞれに対してゴールを設定してみてください。その際に85ページの**図表3―1**のような、「バランスホイール」と呼ばれる図を用いると整理しやすいと思います。

ざっとあげるだけでも、職業、家族、健康、友人、趣味、お金（ファイナンス）、社会貢献、教養など、少なくとも8個くらいの項目は思いつくと思います。人によっては、ペットや信仰、地域社会といった項目があがるかもしれませんし、たとえば「家族」という項目を「配偶者」「子供」「親」と細かくしていくこともできます。

「会社で出世し、社長になる」「貯金1億円」といったゴールしか出てこなかった人も、バランスホイールによって、「世界遺産を制覇する」（旅）、「社外に友人を作る」（友人)、「俳句を始める」(趣味)と多方面にゴールが広がっていきます。また、「職業」のゴールが進化すると、趣味や教養などそれ以外のゴールも大きく前に進んでいくという、相乗効果も出てきます。

ここでひとつ注意したいのは、「職業」と「お金」を分けることです。日本人の多くは「仕事＝会社＝お金」と混同しています。しかし、「仕事」は「お金」ではありませんし、ましてや「会社」でもありません。「仕事」と「職業」は、それぞれ意味は近いのですが、「仕事」と聞いたときに「お金(とくに収入)」と強く結びついてしまう人が多いようなので、「職業」という言葉を使っています。

「職業」は世の中に価値を提供する活動で、want toの活動であるのが望ましいです。その活動の結果、お金をもらうこともあるでしょうが、お金そのものではありません。もらうお金はわずかであったり、ときにはもらわないことがあってもいいと思います。

一方の「お金」は、お金そのものも指しますが、広く「収入」「支出」そして「資産」「負債」さらにはそのお金の流れを可能にする活動も含めて考えます。その意味

図表3-1 バランスホイール具体例

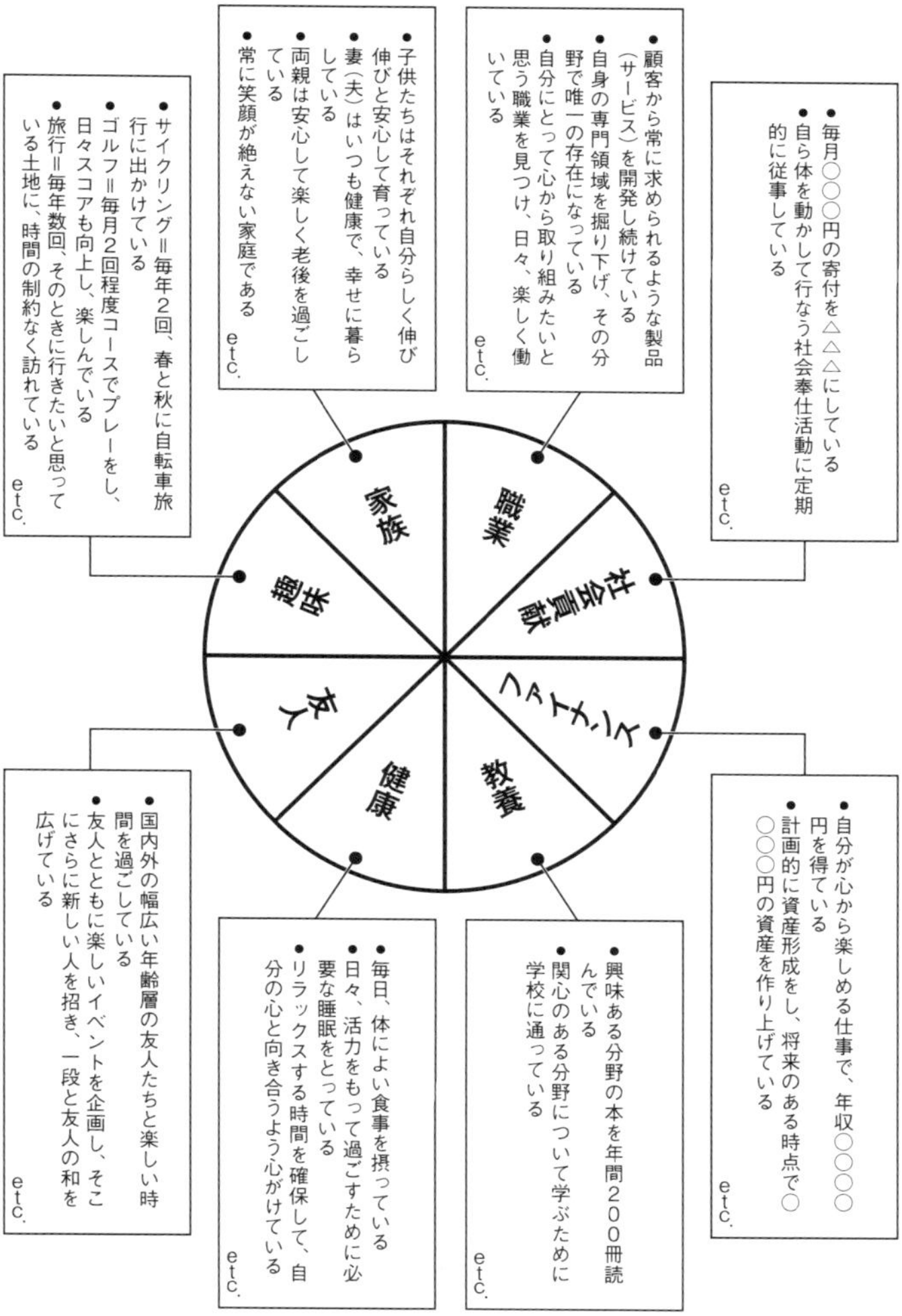
職業
社会貢献
ファイナンス
教養
健康
友人
趣味
家族
●顧客から常に求められるような製品（サービス）を開発し続けている
●自身の専門領域を掘り下げ、その分野で唯一の存在になっている
●自分にとって心から取り組みたいと思う職業を見つけ、日々、楽しく働いている
etc.
●毎月〇〇〇円の寄付を△△△にしている
●自ら体を動かして行なう社会奉仕活動に定期的に従事している
etc.
●自分が心から楽しめる仕事で、年収〇〇〇〇円を得ている
●計画的に資産形成をし、将来のある時点で〇〇〇〇円の資産を作り上げている
etc.
●興味ある分野の本を年間200冊読んでいる
●関心のある分野について学ぶために学校に通っている
etc.
●毎日、体によい食事を摂っている
●日々、活力をもって過ごすために必要な睡眠をとっている
●リラックスする時間を確保して、自分の心と向き合うよう心がけている
etc.
●国内外の幅広い年齢層の友人たちと楽しい時間を過ごしている
●友人とともに楽しいイベントを企画し、そこにさらに新しい人を招き、一段と友人の和を広げている
etc.
●サイクリング＝毎年2回、春と秋に自転車旅行に出かけている
●ゴルフ＝毎月2回程度コースでプレーをし、日々スコアも向上し、楽しんでいる
●旅行＝毎年数回、そのときに行きたいと思っている土地に、時間の制約なく訪れている
etc.
●子供たちはそれぞれ自分らしく伸び伸びと安心して育っている
●妻（夫）はいつも健康で、幸せに暮らしている
●両親は安心して楽しく老後を過ごしている
●常に笑顔が絶えない家庭である
etc.

で「ファイナンス」のほうが近いのですが、「ファイナンス」はなじみがない方もいらっしゃるので、「お金」でもかまわないと思います。

仮に、want toではないけれど生活のために行なっている活動（たとえばサラリーマンとしての仕事）があるとしたら、「お金（もしくはファイナンス）」のほうに分類するとすっきりするかもしれません。

私のクライアントさんの中には、日中はサラリーマンをしながら、夜と週末で「革細工づくり」の修業をして、将来の独立に備えている方がいます。その方が「革細工づくり」で得ている収入はまだわずかですが、その活動を通して間違いなく世の中に価値を提供しています。こういう活動も「職業」に分類すると整理しやすいかもしれません。

それから、いうまでもなく、それぞれの項目のゴールは、「現状の外」にあるものにしていきます。

ゴールを書き出すことで脳にアンテナが立ち、ゴール実現のために必要な情報が自然と見えてくるようになります。書き出したものは、思いついたらすぐ目に入るところに置いておき、一日に何度も見るといいでしょう。

　後述しますが、たびたび見ないと忘れてしまうようなものは心からのゴールとはいえませんが、最初のうちは書き出した項目やゴールを無意識にしっかりと落とし込んでいくために、何度も目を通すのも効果的です。

「たくさん軸」で設定したそれぞれのゴールが実現されれば、それだけ人生の充実度は上がることでしょう。「心からやりたいこと」が「たくさんかなう」人生、そう考えるだけで、わくわくしてきませんか。

「今が幸せ」な人もゴールは必要？

　あるとき、私の話を聞いた方がこう言いました。

「現状を超えるゴール設定が大事だということはよくわかりました。でも、私は今、仕事も家庭も趣味も充実していて、とても幸せです。それでも、新たにゴールを設定しなければいけないのでしょうか？」

「今が幸せ」なのは素晴らしいことですが、この質問に対する答えは「YES」です。ゴールが実現するとエネルギーが急激に低下します。たとえ今が十分に「幸せ」でも、現状を維持し続けていると、エネルギーがどんどん落ちてしまうのです。

今日と同じ明日では、実質的には地盤沈下しているのと同じです。単純に、年をとれば健康状態は若いときと同じではありませんし、周囲の状況も変わりますから、現状維持といっても、それは本当の意味で現状が維持されているとはいえないでしょう。

つまり、「今が幸せ」な人でも、さらにその状態を高めるゴールを設定するのが望ましいということになります。

心から「現状維持」を望んで、それがその人のゴールなのであれば、それを実現すればいいわけですが、「今が幸せ」という人も、おそらく現状維持だけを望んでいるのではないはずです。

もちろん、「もっと成長したい」「さらに高みを目指したい」という気持ちがあるのなら、人生を賭けて取り組むゴールを見つけてほしいと思います。

定年退職後に次のゴールを見つけられなかった場合、寿命が短くなるというデータもあるそうです。人生の最後の瞬間まで充実して生きるためには、ゴールは一生を通じて、永遠に更新していく必要があります。

ゴールドビジョンに必要な3つの力

この章では、どのようなゴールが「いいゴールなのか」ということについて述べてきました。

いいゴールが設定できたら、後はその実現に向けて動き出すだけです。

ここでひとつ、頭にとどめておいていただきたいことがあります。

それは、多くの人にとってゴールドビジョンの実現を邪魔している「思考のクセ」です。コーチング用語では「ビリーフ・システム」と呼んでいるのですが、この「思考のクセ」はときとして私たちを現状のコンフォートゾーンにがっしりと縛りつけ、ゴール実現を強烈に阻みます。

「思考のクセ」は、私たちが生きてきたプロセスの中で作られていますが、とくに

「お金」「時間」「他人」という3つのモノサシによって強化されています。多くの人は、こうした「思考のクセ」がからまった毛糸のように心の中にはびこっていて、自分が「心からやりたいこと」ですら自分ではわからなくなってしまっています。

そこで、この「思考のクセ」を少しずつ解きほぐしていくことで徐々に本当のゴールを見つけていくことになります。

「お金」「時間」「他人」の3つのモノサシを上手に作り直し、ゴールドビジョンを実現するために欠かせないのが、次にあげる3つの力です。

- 未来を視《み》る力
- 自分を信じる力
- 人を巻き込み動かす力

ひとつ目の「未来を視る力」はイマジネーションとも呼ばれますが、ゴールドビジョンをもち、その世界に臨場感を感じる力です。

2つ目の「自分を信じる力」はコンフィデンス、つまり、「自分ならできる」と心から確信する力を指します。

そして最後の「人を巻き込み動かす力（インボルブメント）」は、ゴールの実現に向かって行動するために必要不可欠なものです。具体的には、信頼を得て応援される力であり、ゴールドビジョンに共鳴してもらう力のことです。

「未来を視る力」「自分を信じる力」「人を巻き込み動かす力」の3つの力があれば、ゴールドビジョンは必ず実現することができます。

そこで、次章から、この大切な3つの力を身につけ、使いこなす方法をお伝えしていきましょう。

まとめ

- 実現方法がわかるゴールは悪いゴール。
- いいゴールは3つの軸（「すごい軸」「やりたい軸」「たくさん軸」）で考える。

第4章

「未来の記憶」がゴールになる

――第一の力　未来を視る力

ゴールを「見る」、そして「感じる」

ゴールドビジョンを実現するために必要な3つの力のうち、第一の「未来を視る力」は、ゴールを見て感じる力です。

ゴールを「見る」、そして「感じる」とは、どういうことでしょうか。

まず「見る」についていうと、すでに説明した「高いゴールを設定する」ことが欠かせません。なぜなら、ゴールが高いものであればあるほど、見える世界が広がっていくからです。とても簡単な例ですが、試しに自分の足元を見てみるのと、目線を上げて遠くを見てみるのでは、見える世界の広がりがまったく違います。高いゴールを掲げるだけで見えるものが多くなるのです。

そして、「ゴール＝あなたの未来」と認識し、そのイメージがはっきり見えるように、ゴールの世界にいるあなたの姿を思い描いていきましょう。つまり、ゴールの世界の臨場感を高めるわけですが、この部分が「感じる」と深く関わってきます。

そんなふうに未来が視えれば、そこにいたるまでに何をやるべきか、脳には自然とわかるようになります。

でも、そう簡単に未来は視えませんし、未来が視えないから、不安を感じてしまうのです。

では、どうすれば「未来が視える」ようになるのでしょう。

私は、「未来を視る力」とは「未来の記憶」を作り上げることだと思っています。

「記憶」といえば「過去」のことでしょう、と思った方は、無意識のうちに「時間のモノサシ」にとらわれているのかもしれません。

「時間のモノサシ」は、ゴールドビジョンを邪魔する「思考のクセ」のひとつであり、「時間のモノサシ」によって、私たちは過去に縛られ、作りたい未来を視ることができなくなってしまいます。

たとえば、普段、こんなふうに考えてはいませんか？

「一生懸命勉強したから、試験に通った」

あるいは、

「あのとき、試験に落ちたから、今、ままならない人生を送っている」

そんなの当たり前じゃないか、とつい思ってしまいますが、こういう考え方は「因果関係の呪縛」と呼ぶべきものです。

実際のところ、「一生懸命勉強した」からといって、必ず「試験に通る」というものではありません。

たとえ、どんなに一生懸命勉強したとしても、試験当日に高熱を出していたら、実力を発揮することはできなかったでしょうし、事故などで交通機関が乱れて試験開始時間に遅刻していれば、試験を受けることもできなかったはずです。

あるいは、たまたまよく勉強したところが試験に出たから高得点を得ることができたのかもしれません。しかし、その逆であれば、思うような結果は得られなかったでしょう。

「試験に通る」ためには「一生懸命勉強する」ことはひとつの条件ではあるでしょうが、それがすべてではありません。それ以外の要因も重なって初めて、「試験に通る」ことが可能になるのです。

同じように、「試験に落ちた」ことは「今、ままならない人生を送っている」理由にはなりません。試験に落ちても、試験勉強で得た知識を別の方法で活かすなど、充実した人生を生きる道はいくらでもあるからです。

「今、ままならない人生」になっている本当の理由は、最初に思い描いた目標にこだわり、「あのとき、試験に落ちたから」ということにとらわれ、新たなより高いゴールを探そうとしない点に求められるかもしれません。

「一生懸命勉強したから、試験に通った」も「あのとき、試験に落ちたから、今、ままならない人生を送っている」も、他の要因が盲点となっています。つまり、自分の都合のいい部分に偏ったストーリーを作り上げているのですが、自分で作ったストーリーだからこそ、なんの疑問ももたずに納得してしまうのです。

時間は未来から流れてくるもの

「未来を視る力」を上手に使えるようになれば、「時間のモノサシ」は壊れていきます。

重要なのは、過去ではなく未来です。

過去があったから未来があるのではなく、未来があるから過去があるのです。

時間が、過去から流れてくるものなのか、それとも未来から流れてくるものなのか、どちらが正しいのかを証明することはできません。

ですから、あなた自身の時間に対する認識を変えてしまうのです。

「時間のモノサシ」にとらわれていると最初は難しく感じるかもしれませんが、イメージとしては、上からエスカレーターのステップが降りてくる光景です。慣れないうちは、こうしたイメージを繰り返し、頭の中で思い描いてみてください。

ではなぜ、過去を重要視してはいけないのでしょうか。

これまでに何度も説明してきたように、脳はＲＡＳによって、「重要だ」と認識した情報だけを見て、それ以外を盲点にしてしまいます。しかも、脳は思い出すことによって、その記憶を強化し、ますますその重要度を高めてしまうのです。

ゴールを設定するときに「自己分析」や「カウンセリング」が逆効果なのは、「自分はどういう人間か」と、どんどん過去にさかのぼり、忘れていた過去のことまで思い出してしまったりするからです。

しかし、脳の仕組み上、過去を強化すればするほど、過去しか見えなくなり、未来を視ることが難しくなります。

どんなに過去を理解しても、それが未来につながることはありません。

重要なのは、「どうなりたいか」という未来の自分であり、脳に繰り返し刻み込むべきなのは、そうした「未来の自分」です。

「あのとき、○○をやめていなければ、もしかしたらもっと輝いた人生を送っていたかもしれない」といった後悔をいつまでも引きずるのはやめましょう。「あのとき、ああしていれば今頃は……」と、過去にこだわるのは無意味なのです。そもそも、今の人生を違う人生と比べてもしかたありません。

「未来の自分」に向かっていくようになれば、いつしか、「過去」はそれほど大事ではなかった、ということがわかってくるものです。

充実した今があれば、「あのときにやめたのは勉強(仕事)も○○も中途半端になると思ったからだ。やめた判断は正しかった。やりたいなら、今からでもまたやればいい」と、前向きにとらえられます。○○に入るものは途中で挫折したスポーツや習い事などなんでもいいのですが、今でも本当にやりたいと思っているなら、「今からでも、やればいい」だけなのです。

また、輝く「未来の自分」に近づいていけば、つらく傷ついた過去の記憶も「そのために必要なものだった」へと変わっていきます。

「恋人にふられた」という苦い思い出も、「なりたい未来の自分」に近づいていけば、「あのときふられたから、発奮して、これだけがんばることができたんだ」と思えるようになるでしょう。

こういった「過去の書き換え」もまた、脳の働きによるものです。

「未来の自分」の臨場感が高ければ高いほど、過去との関係のつじつまを合わせようと、脳は自動的に過去を解釈し直し、過去をリセットします。

繰り返します。過去にこだわるのはやめましょう。

上から降りてくるエスカレーターのステップと同じように、過去へと流れていったものは二度と戻ってはこないのです。現在は過去の積み重ねではなく、明日からやることは過去には関係ありません。
あなたが見つめなければならないのは、自分が作る「未来の記憶」なのです。

ゴールは必ず「現在形」で書く

第3章で説明した「すごい軸」「やりたい軸」「たくさん軸」という3つの軸に従ってゴールを書き出していくことで、あなたの「無意識くん」はゴールの存在を深く認識します。

このときのルールとして、ゴールは必ず「現在形」で書く必要があります。

「~なりたい」ではなく、「~である」「~している」が適切なゴールの記述方法です。そして、書き出しは原則として「私は~」から始まります。

「100歳のときに健康でいたい」と思っているなら、「私は100歳のときに健康である」。

「世界を飛び回って仕事をしたい」なら、「私は世界を飛び回って仕事をしている」。

「家族がやりたいことをできる経済力が欲しい」のなら、「私は家族がやりたいことを全部できる経済力をもっている」。

「素敵な人とめぐり逢いたい」のだったら「私は素敵な人とめぐり逢い、最高に幸せである」。

そして、ゴールの実現を加速させるために、コーチング用語でいう「アファメーション（言葉で自分のゴールの世界を表現して、ゴールが実現されたことを自分の無意識に実感させるための技術）」を活用することができます。

アファメーションは、前述のようにゴールの世界を現在形で書いたものに、「嬉しい」「誇らしい」「幸せだ」などの感情を表す表現を付加して、自分がゴールを実現しているときの臨場感を高める効果があります。

前述したゴールをアファメーションの形に発展させると、たとえば次のようになります。

「私は100歳のときに日々、健康に活動していて、このうえなく幸せな毎日を過ごしている」

「私は世界を飛び回る仕事を通して社会に大きく貢献し、大変やりがいがあり、誇らしく感じている」
「私は家族がやりたいことを全部できる経済力をもっている。そのおかげでとても満たされた気持ちで毎日を過ごすことができている」
「私は素敵な人とめぐり逢い、最高に幸せな気持ちで毎日を過ごしていて、自分の将来の可能性にわくわくしている」

このように、アファメーションを緻密に書くことで、ゴールの世界に自分がいるという臨場感が高まり、「無意識くん」に「こうなりたい自分の姿」が一層深く刷り込まれていきます。

そして、それらを「重要だ」と「無意識くん」が認識すれば、あとは脳が勝手に働いてくれます。

絵が得意な人なら、ウォルト・ディズニーがディズニーランドの絵を描いたように絵でゴールを描いてみてもいいでしょう。「未来の自分」がより具体的に、はっきりとイメージされるでしょう。

朝に唱えるゴールのパワー

こうして設定したゴールや、書き出したアファメーションは、α波が出ているリラックスした状態で、毎日声に出して読み上げることを習慣づけると高い効果があります。

目で文字を追うだけより、声に出し耳から聞くことで、「無意識くん」に深くゴールの世界の臨場感を浸透させることができます。ときにはガッツポーズをするなど、ゴールの世界をくっきりとイメージさせるような動作をしてもいいでしょう。毎日、すべてのゴールやアファメーションを読むのが大変なら、日替わりでやるという方法もあります。

時間帯は、とくに朝がお勧めです。一日の始まりに「私は100歳のときに健康である」「私は素敵な人とめぐり逢い、幸せである」などと読み上げると、脳がそれらを受け止め、一日ポジティブな気分で過ごせます。

私自身、「私は世界トップクラスのコーチとして精力的に活動しており、毎日が充実している」「世界中のエグゼクティブが私の講演を聞きに集まってくれて、とても誇らしく思う」などと自分のゴールが実現した状態を声に出してアファメーションしていますが、それによってエネルギーがみなぎり、一日を幸せな気持ちで始められると実感しています。

また、日中にイライラするようなことがあっても、ゴールやアファメーションを口にすることで、自然と気持ちが落ち着いていくものです。

大事なのは「自分目線」

ここまで何度か「ゴールの臨場感を高める」、あるいは「ゴールの世界の臨場感を高める」と書いてきましたが、より正確にいうと、「ゴールの世界にいる『自分のコンフォートゾーン』の臨場感を高める」ということになります。

脳の仕組み上、「現状」と「ゴールの世界」という2つのコンフォートゾーンを同時に維持することはできませんから、脳はより臨場感が高いほうを選ぼうとします。

仮に、もし男女のトイレを間違えて、本来入るべきほうとは反対のほうに入ってしまったら、あなたは全速力で本来入るべきほうのトイレに向かうでしょう。間違えたトイレは明らかにコンフォートゾーンの外のはずですから、急いでそこから抜け出し、自分本来のコンフォートゾーンに行こうとします。

ゴールを設定した当初は、そのゴールが高いものであるほど、ゴールの世界をコンフォートゾーンと感じることは難しいものです。そこで、ゴールの世界の臨場感をどれだけ高めることができるかがカギになってきます。

ポイントとなるのは、自分の側からの目線で、ゴールの世界をイメージすることです。

たとえば、あなたがサッカー選手だとします。ゴールは「ワールドカップ優勝」だとして、そのとき、どんな光景が頭の中に浮かぶでしょうか。

優勝が決まって、チームメイトと喜びを爆発させている自分。

笑顔でトロフィーを掲げている自分。

それとも、試合後に優勝インタビューを受けている自分の姿かもしれません。

しかし、これらは皆、外側から見た自分です。実はこうしたテレビカメラの映像がとらえるようなイメージでは、臨場感を高めるのに十分ではありません。

「ゴールの世界にいる『自分』の臨場感を高める」には、自分の側から見たゴールの世界を思い描くようにしましょう。

この場合にイメージするのは「トロフィーを掲げている自分」ではなく「トロフィーを握っている自分から見た光景」です。あるいは、「優勝インタビューを受けている自分がどんな光景を見るか」です。これらをリアルに思い浮かべることができれば、それだけあなたのゴールの実現が近づきます。

五感をフル稼働させる

自分の側からゴールの世界を見るとき、その臨場感を高めるためには、視覚的要素だけではなく、五感をフル稼働させてイメージをふくらませると、より効果的です。

先ほどの「ワールドカップ優勝」の例でいうと、トロフィーを掲げたあなたの耳には、スタジアムを埋め尽くした観客の歓声が鳴り響いていることでしょう。時刻が夜であれば、涼しい風が、ほてったあなたの体に心地よく感じられるかもしれません。戦い抜いた体から立ち上る汗やピッチの芝の匂い、まぶしいライトや洪水のようなフラッシュ、仲間たちと抱き合ったときの感触、頬をつたう涙の味……。イメージすればするほど、まだまだいろいろなことが感じられるはずです。

「ワールドカップ優勝」はひとつの喩えですが、「未来を視る」ときは、このように五感すべてを使うようにします。

視覚的イメージだけの「ゴールの世界」と、五感をフル稼働させて感じる「ゴールの世界」、どちらが強い臨場感になるか、その違いをぜひ実感してみてください。

成功したときの感情を取り出す

五感をフル稼働させて「ゴールの世界」をイメージしたら、さらにそこにあなたの感情を乗せていきます。

といっても、まだそのゴールの世界に到達したわけではないので、本当にはどういう気持ちになるかはわかりません。そこで、過去の成功体験を思い出し、そのときの感情を、イメージしたゴールの世界にあてはめてみるのです。

たとえば、仕事で大きなプロジェクトを成功させるというゴールがあるとします。ゴールの世界にいる自分の気持ちを想像するとき、これまでに経験した「仲間と一緒に」「みんなで」何かをやり遂げたことを思い出してみましょう。

運動会のリレーチームで一番になった、学生時代の文化祭で仲間とイベントを成功させたなど、人によってさまざまな成功体験があげられると思いますが、ここで思い出してほしいのは、「過去の成功体験」そのものではなく、あくまでも「そのときの自分の気持ち」です。そうすることによって、過去ではなく、未来を視ることができるようになります。過去の成功体験からそのときの感情だけを取り出すような感じです。

自分目線でとらえ、五感でイメージをふくらませたゴールの世界に、この感情が加わることで、まさにゴールの世界がモノクロからカラーに変わるほどの変化が見られます。

「情動のパワー」とも呼ぶべき威力ですが、感情は、それほどパワフルにコンフォートゾーンに働きかけるものなのです。

コンフォートゾーンに揺さぶりをかける

脳は普通にしていると「現状維持」にとどまろうとしますので、何かが変わろうとするときに、私たちを現状に引き戻そうとする力もかなり強力です。

この力に対抗するために積極的にゴールの世界を体験してみて、現状のコンフォートゾーンを揺さぶるという方法があります。

可能であれば、実際にゴールの世界に足を運び、その世界がどういうものなのか、体験するのがお勧めです。

受験生なら、志望校に行ってみることで、自分がその学校に入ってどのような生活を送るのか、明確なイメージをもてるようになるでしょう。

起業を考えている会社員だとしたら、頭の中だけであれこれ考えているより、まずは起業家が集まる場に行き、彼らと話をしてみることです。目を輝かせて自分が興《おこ》したビジネスについて語る人々との出会いは、仕事だからと嫌々職場で過ごしている同僚たちを見慣れた方には、一種のカルチャーショックとなるかもしれません。

しかし、彼らと場を共有することにより、「自分のいるべき場所は、沈んだ表情の社員ばかりがいる今の会社ではなく、目をキラキラさせて自分のビジネスを語り合えるところなのだ」と思えるようになりますし、起業家としての自分の未来を思い描くとき、とてもポジティブな効果を与えてくれるでしょう。

そうやってゴールの世界を体験することは、「今のままではダメだ」と現状のコンフォートゾーンを揺さぶることにつながります。しかも、その思いは無意識から出てくるものなので、私たちが前進するために大変大きな力になります。

やったほうがいいとわかっていても、意外と多くの人がやらないのが、この「ゴールの世界を体験する」ということです。

けれども、先ほどの「五感をフル稼働させる」という意味でも、実際にその場所へ行っているのとそうでないのとでは、大きな差が出てきます。より高い臨場感をゴールの世界に感じることができれば、ゴール実現にそれだけ大きく近づくのですから、まさに「行動あるのみ」だといえるでしょう。

とにかく、やってみなければ何も始まりません。動いてみて「何か違う」と思ったら別の方法を探せばいいだけですし、「よかった」と感じられたら、さらにその行動を増やしていくようにしましょう。

歯を磨くように「ゴールを視る」

ときどき、「書き出したゴールは目につくところに貼っておくといいでしょうか」という質問を受けることがあります。率直にいって、忘れてしまうようなら、それは大して重要なゴールではないのだと思います。

わざわざ思い出さなくても、常に頭にあるのが、本当に大事なゴールです。

未来は「視なければならない」ものではなく、「無意識くん」がいつも自然に「未来の自分」を視ているような感じです。

未来が視えていれば、それこそ寝ても覚めても、ゴールについて考えずにはいられないでしょう。

スポーツ選手が「オリンピックで金メダルをとる」ことをゴールにしているなら、そのことが頭から離れることはありません。

自分の患者を元気にすることを願って働く医師であれば、いつも患者の健康のことを考えているはずです。

いい教師は「生徒たちがよく育つかどうか」「そのためにはどうすればいいか」ということが、いつも気になってしまうでしょう。

作家であれば「いい作品を書く」ことを四六時中意識しているでしょうし、国を思う政治家は、どうすれば国民の利益にかなうか、誰にいわれなくても自然と考えるものだと思います。

こんなふうに、無意識のうちにゴールについて考えられるようになればしめたものです。

たとえば歯を磨くようにゴールを視ている、それができたとき、「未来を視る力」はもう獲得されているのです。

まとめ

- 未来を視る力とは、ゴールドビジョンをもち、その世界に臨場感を感じる力。
- 「未来の記憶を作る力」とも言い換えられる。

第5章

脳に新しい回路を作る

——第二の力 自分を信じる力

ゴールを設定しても実現できない理由

ここまで繰り返し述べてきたように、ゴールドビジョンを実現するためには、高いゴールを設定することが、何よりも大切です。

しかし、ゴール設定ができても、それだけではゴールを実現するのに十分とはいえません。

「このままではいけない、自分を変えたい」と思っていろいろやってみても、すぐに現状に引き戻されてしまい、「私はダメな人間だ」「やっぱり何も変えられないんだ」とさらに落ち込んでしまう……。そんな経験はありませんか？

しかし、それはあなたが「ダメな人間」だからでは、決してありません。では、なぜうまくいかないのでしょうか。

高いゴールを設定したのに、それが実現できず、結局、現状にとどまってしまうというケースは、実は珍しくありません。

たとえば「今いる会社では自分はもう成長できない」と悩んでいる人がいるとします。この場合に考えられるゴールをとりあえず2つあげてみましょう。

● ステップアップできるような職場に転職する
● 退職して起業する

しかし、現在の収入や社会的地位を失っていいのかどうか迷ったり、将来に不安を感じるなど、どうしても踏んぎりがつかず、ずるずると会社に居続けてしまう人は、案外、多いようです。

あるいは、「英語を話せるようになりたい」というゴールをもっている人は少なくないでしょう。けれども、残念ながら、そう考えるすべての人が実際に思い描いたような高い英語力を得られていないのが現実です。

他にもさまざまな例があげられるでしょうが、こんなふうに「ゴールは見えているのに実現できない」、その大きな理由は、「お前にできるはずがない」と「無意識くん」に語りかける「ドリームキラー」の存在が大きいのです。

「ドリームキラー」とは文字どおり、「夢をつぶす人」のことをいいます。このドリームキラーには、親、兄弟姉妹、配偶者などの家族、友人、教師や職場の上司、あるいは同僚などで、「現状維持」に安住する人なら誰でもなりえます。あなたが設定したゴールが高ければ高いほど、周囲はドリームキラーになりがちです。

これまでに説明してきたとおり、私たちは皆、コンフォートゾーンを維持していますす。コンフォートゾーンはひとりでも維持していますし、集団でも維持しています。高いゴールを設定して現状を変えようとすることは、コンフォートゾーンを維持しようとする集団に対抗することになります。

そのため、あなたが高いゴールを設定すると、周囲の人の「無意識くん」たちはあなたと一緒に作っている現状のコンフォートゾーンを維持しようとして、あなたに対してドリームキラー的な行動に走ってしまうのです。

このように、「ドリームキラー」は現状を維持しようとするコンフォートゾーンの力から必然として生まれるもので、誰でも「ドリームキラー」になる可能性があります。ゴールを実現するためには周囲のドリームキラーに気をつける必要があるのですが、実は最大のドリームキラーは自分自身だったりします。

自分が作ったコンフォートゾーンを維持しようとする力は想像以上に強力です。それに対抗してゴールを実現させるためには、あなたの「無意識くん」がゴールの世界の実現を強く信じることが必須となります。

これがゴールドビジョン実現のための第二の力である「自分を信じる力」です。

多くの方のコーチングを行なってきた私の経験から、この「自分を信じる力」の最大値を100％とした場合に、最低でも95％ぐらいまで高めることが、ゴールの実現には必要だと感じています。

前述しましたが、実際、私の目から見て、「自分を信じる力」のレベルが80％くらいの方が「会社を辞めて起業しようと思います」と言い出した場合、まだ早いと思うので、「まずはもう少し『自分を信じる力』を高めましょう」と、一度、立ち止まってもらうようにしています。

「高いゴール設定」と「自分を信じる力」は、いわば車の両輪のように、ゴールドビジョン実現のために、なくてはならないものです。

同時に、2つは「鶏と卵」の関係にあるともいえます。どちらが先ともいえないところがあり、たとえば「とてつもなく高いゴール設定」ができれば、「こんなすごいゴールをもっている自分は、なんてすごいんだろう」という気持ちが生まれてくるでしょうし、「自分を信じる力」が高い人は「これだけ能力が高い自分なら、ものすごいゴールを設定できて当然」と思える、そんな面があるのです。

「自分を信じる力」とは何か

「自分を信じる力」をコーチング用語で説明すると「エフィカシー」という言葉があてはまります。エフィカシーは心理学でも有名な言葉で「自分のゴールを達成できるという自己の能力に対する自己評価」と定義され、「自己効力感」といったりもします。

これはシンプルにいうならば、「自分ならできる!」と、心から確信する力のことです。

ここでのポイントは、「心から確信する」というところです。

「心から確信する」というのは、自分が高いゴールを達成する能力をもっていると、1%の疑いもなく信じきっている状態のことで、つまり無意識レベルで信じきっているということになります。それはまるで、明日の朝も太陽が昇ることをわざわざ心配したり、意識したりしないのと同じように、自分が自分のゴールを達成することをごく当たり前のこととしている状態です。

けれども、そもそも自分がまだ見たことのない高いレベルでのゴールを設定しているのですから、完璧に自信をもって「できる」と言い切るのには、矛盾があります。

それでもあえて、その状態を目指していくことが必要で、そうすることによってのみブレイクスルーが生まれます。

そして「心から確信する」ために大きな力になるのが、自分をゴールへと導いてくれる存在です。

それはたとえば、「どうせやるなら、全国を目指そう！」とコーチに言われて、一瞬、全国大会に出ている自分の姿が見えたりするような感じです。そうやって、ちらっと見えた「ゴール＝自分が望む未来の姿」をつかんでいくのです。

「自分のことを100％信じられる人」というのはそう多くはありません。

だからこそ、自分以上に自分のことを信じてくれている存在と出会えたら、「自分を信じる力」はぐっと身近なものになるはずです。

「自己評価ばかり高い人」との違い

「自分を信じる力」には、2つの条件があります。

ひとつは「ゴールがあることが前提」というものです。

つまり、「自分を信じる力」はゴールがあって、そのゴールを実現することに対してのものだということです。

当たり前のようですが、これはとても大事なことです。

「自分を信じる」「自己評価が高い」と聞いて、「自己評価ばかり高くて、全然仕事ができない、困った人もいるけれど、そういう人についてはどう考えればいいのだろう」と思った方がいるかもしれません。

そうした「自己評価ばかり高くて仕事ができない困った人」と「自分を信じる力でゴールを実現する人」ではどこが違うのでしょうか。

その違いは、しっかりとしたゴールがあるかどうかです。

自己評価が高いこと自体はいいことです。しかし、実力が伴っていないとバランスがとれなくて困った状態になります。

ここで仮に、実力はまだ物足りないけれど自己評価は高いA君という若手社員がいるとします。A君がしっかりとしたゴールをもっているかいないかで、彼が「自己評価ばかり高くて仕事ができない困った人」になるか、「自分を信じる力でゴールを実現する人」になれるか、が変わってきます。

たとえば「自己評価ばかり高い困った人」は、明確なゴールもなく、単に「かっこいい」「いかにもデキる人っぽい」「モテそう」といった、社会的に受けがよさそうなイメージの仕事に憧れていたりします。

ですが、ゴールに向かっているわけではないので、自分の実力不足を埋めようとすることもなく、そのまま「自己評価ばかり高くて仕事ができない困った人」のままです。このような状態になると、A君もそういう「自己評価ばかり高くて仕事ができない困った人」になってしまいます。

一方、A君がしっかりしたゴールを設定している場合には、自分の実力不足を自覚しているはずですから、ギャップを埋めるために必要な努力をします。そして、後には「自分を信じる力でゴールを実現する人」になれるのです。

ゴール設定は、真の「自分を信じる力」を生み出すためにも必要なものなのです。

他人のモノサシを外す

「自分を信じる力」の2つ目の条件となるのは、「他人のモノサシは関係ない」ということです。

ここにも、「ゴールがある」という前提が関わってきます。

ゴールは皆、それぞれに違います。一人ひとりの人生で何を重要ととらえ、どこにゴールを設定するか、他の誰かとまったく同じということはありえません。

それぞれに違うゴールを設定しているのですから、自分のゴールを他の人のゴールと比べたり、競争したりするのは無意味です。それに、自分でやりたいことをゴールにしているのですから、そこに他人の声をさしはさむ必要などないでしょう。

これは、「和をもって貴しとなす」日本人が苦手とするところかもしれません。「空気を読む」ことが重視され、「他人がどう考えようと自分はこうする」とはなかなかいいにくいものです。

とくに真面目な優等生タイプの人は「他人のモノサシ」に従って「～でなければならない」と物事をとらえる傾向が強く、周囲からどう評価されるかで自分の価値が決まる、と思っているケースが多いようです。こうした人々は、他の人と自分を比較して、「自分はダメだ」と落ち込んでしまいがちです。

けれども、「自分を信じる力」の定義である「自己の能力に対する自己評価」を思い出してみてください。

基準となるのは、「自分」以外の誰でもないのですし、価値は他人が決めるのではなく自分で決めるのです。

「無意識くん」から「他人のモノサシ」を外して、自分自身の頭で考えられるようになることが「自分を信じる」ための強力なパワーとなることを、ぜひ知っていただきたいと思います。

皆さんのまわりにもいるかもしれませんが、何かにつけて他人と自分を比較してしまう人は、実は誰かと比較をするたびに自分自身を傷つけています。「他人のモノサシ」を自分にあてはめて自分を評価しようとしたときに、本来自分でもっているべき自分の人生のハンドル（もしくは操縦桿）を手放してしまうことになるのです。

たとえば、私のクライアントさんの中には、コーチングを受けると決めてからも「オリンピックの金メダリストが受けるような高いレベルのコーチングを受ける資格が私にあるのだろうか?」と思う方もいます。

それは、その方の「無意識くん」が現状維持を求め、「コーチングを受けてしまうと現状が変わってしまって困るので、受けないほうがいい」と思わせようとしていることの表れなのですが、「金メダリスト」と自分を比較する必要など、少しもありません。

「自分が必要だと思ったからコーチングを受けることにした、そして不安な気持ちを抱えつつも、私とのセッションの場に足を運ぶことができた。それこそ、あなたが現状を乗り越えた証ですよ」

そう話すと、クライアントさんたちは皆、はっとした表情になります。

その気づきは、やがて「自分を信じる力」へとつながっていき、「自分を認めて、リミットを外せるのは他の誰でもない自分でしかない」と思えるようになっていくのです。

あなたの人生はあなたのものです。「他人のモノサシ」で自分を測ることをやめて、自分のモノサシで生きるようになることが、「自分を信じる力」を高めるための絶対的な条件となります。

「思考のクセ」を壊そう

社会的思い込みである「3つのモノサシ」で物事を考えてしまう「思考のクセ」についてはは先述しましたが、「3つのモノサシ」によって縛られているがゆえに「自分を信じる力」を100%発揮できない例として、次のようなものがあげられます。

- たくさんお金を稼いでいるほうが偉い（お金のモノサシ）
- 以前やってできなかったから、今度も無理（「過去にとらわれる」時間のモノサシ）
- 幼い頃から親に否定されて育ってきたので、つい自分をネガティブにとらえてしまう（「過去にとらわれる」時間のモノサシ、他人のモノサシ）
- 医者以外の職業など考えられない（「医者になるのが一番」という他人のモノサシ）
- 学歴のない自分はダメな人間だ（「卒業校で評価されると考える」他人のモノサシ、「過去の卒業校にこだわる」時間のモノサシ）

●中小企業の社員だから自分は劣っている（「企業序列」という他人のモノサシ）

●この程度の偏差値では大した学校にはいけない（「偏差値」という他人のモノサシ、「過去の実績である偏差値を重んじる」時間のモノサシ）

●自分の考えを主張するのが怖い（「はっきり主張する女性はかわいくないので嫌われる」という他人のモノサシ）

●同窓会に行ってまわりと自分を比べてみじめな思いをする、あるいは優越感を感じる（お金のモノサシ、時間のモノサシ、他人のモノサシの複合）

●流行の服を着ないといけない（「人と比べる」他人のモノサシ）

●隣の家が車（テレビ）を買い替えたからうちも買い替えないと（他人のモノサシ、お金のモノサシの複合）

●家柄がよいとされる人が立派に見える（時間のモノサシ）

程度の差こそあれ、ほとんどの人は「3つのモノサシ」に縛られているといえるでしょう。

どのような「思考のクセ」があるかは、人によって違うでしょうが、共通していえるのは、これらの「モノサシ」が盲点（スコトーマ）を作り、私たちの視野を狭めていることです。

では、試しに列挙した「モノサシ」を外してみると、どのような視点が生まれるでしょうか。

- 充実した人生を送るためには、高い収入よりも、高いゴールが重要だ
- 今度はもっとうまくやろう
- 親にあまり肯定してもらわなかったけど、ゴールには関係ないな
- 医者以外にも、社会に役立ち、自分を活かせる仕事はいくらでもある
- 世界企業の創業者は高学歴ではない人も多いのだし、学歴は関係ないな
- 企業規模ではなく、自分自身や会社が高いゴールをもって充実していることが大事
- 学力は上げることができるのだから、目標に向かって努力するだけ

図表5-1 モノサシを外す

モノサシに縛られている		モノサシが外れた
●たくさんお金を稼いでいるほうが偉い	➡	●充実した人生を送るためには、高い収入よりも、高いゴールが重要だ
●以前やってできなかったから、今度も無理	➡	●今度はもっとうまくやろうう
●幼い頃から親に否定されて育ってきたので、つい自分をネガティブにとらえてしまう	➡	●親にあまり肯定してもらわなかったけど、ゴールには関係ないな

●言いたいことを我慢して生きるより、自分の考えをきちんと伝えるほうがストレスが少ない

●卒業以来、それぞれ一生懸命生きてきた。お互いを称《たた》えあおう

●着たい服を着よう

●お隣の車（テレビ）はいいなあ。でも、うちには必要だろうか？

●どんな家で育ったかは、過去のことだなあ。私はこれから、どう生きようか

こうして「モノサシ」を外していくと、「社会的にどうか」ということではなく、自分が本当に重要だと思うことや、やりたいこ

とに向かうための視点が生まれてきます。

これらの「モノサシ」は、その人のそれまでの人生の全背景を背負っているようなものですから、「無意識くん」が「思考のクセ」から自由になるまでに、それなりに時間がかかるのはしかたがありません。それでも、外し方のコツがつかめれば、外れるときは案外あっさりと外れるものです。

ちなみに、「時間」「お金」「他人」の3つのモノサシの中で、比較的外しやすいのは「お金のモノサシ」です。

もし自分が「お金のモノサシ」に強くとらわれていると思うのなら、勇気を出して、一万円札をビリビリと2つに破いてみてください。自分がこだわっていたものが、「ただの紙切れ」だったのだと、これ以上ないくらいはっきりと実感できます。

実際に、私のクライアントさんも含めた多くの方がこの方法で「お金のモノサシ」を外しており、その効果は実証済みです。

セルフトークで新しい脳の回路を作る

「思考のクセ」を外すうえで重要な働きをするのが、セルフトークです。このセルフトークは「意識、無意識で自分に語りかける言葉」のことをいいますが、それに伴う「思考」「映像」「感情」をも含んだものです。

あるクライアントさんは「セルフトークがよくなると、自分への自信が自然と高まってくる。そうなれば、ゴールは半分以上実現したようなものだ」と話してくれました。私もまさにそのとおりだと思います。

この話を聞いて、私は「セルフトークを制するものは、人生をも制する」という言葉を思いつきました。手前味噌ではありますが、核心をついている、なかなかいい言葉だと思っています。

また、セルフトークには2つの種類があり、それぞれの特徴を理解して上手に付き合うことがとても重要だと考えています。

私はそれぞれ、「湧き出し型セルフトーク」と「刷り込み型セルフトーク」と呼んでいます。セルフトークという言葉は最近ではかなりポピュラーになってきましたが、受け取り方がさまざまで、ときおり混乱を招いているのが見受けられます。それも、2つに分けることで、それぞれの特徴が整理されました。

まず、「湧き出し型セルフトーク」から説明していきます。

「湧き出し型セルフトーク」は、沸騰しているお湯から気泡がどんどん湧き出るように、頭の中でどんどん湧いてくるもののことをいいます。「もう朝だ、起きなければ」に始まり、「ああ疲れた」と寝床に入るまで、実際に声に出さなくとも、人間は、無意識的なものを含めて一日に5万回以上のセルフトークをしているといわれます。

通常、私たちの「無意識くん」はこの「湧き出し型セルフトーク」で満たされています。

そして、「湧き出し型セルフトーク」は、「無意識くん」という「コントロールできない自分」から「意識くん」、つまり「コントロールできる自分」へと届くセルフトークといえます。

これに対して、意識的に作っていくセルフトークを「刷り込み型セルフトーク」と呼びます。これは自然に湧いてくるセルフトークの質を高めるために、意図して自分自身になじませていくセルフトークのことです。いってみれば、「湧き出し型セルフトーク」とは逆に、「意識くん」から「無意識くん」に届けるセルフトークというわけです。

「刷り込み型セルフトーク」は意識的である点が、第4章で紹介したアファメーションに似ていますが、アファメーションがゴールの世界のコンフォートゾーンを表現することを主としているのに対して、「刷り込み型セルフトーク」はゴールも含みますが、比較的、日常的な場面での「こうありたい」という自分を表現したもう少し軽い、普段使いのものといえます。

「刷り込み型セルフトーク」は、さらに2つのタイプに分けることができます。

まず、望ましくない「湧き出し型セルフトーク」が出てきたのを本人が認識して、それをひっくり返すために行なうものがあります。

【例】

望ましくない「湧き出し型セルフトーク」→「刷り込み型セルフトーク」

「あー、やっぱりダメだ」→「そんなことないでしょう、いけますよ」
「うわ、間に合わないー」→「どんな手を打てばいいだろう?」
「不安だな~」→「まあ、そういうものだよね、初めてやるんだから。ベストを尽くそう」「なんとかなるよ」など。

2つ目は、望ましくない「湧き出し型セルフトーク」が出てきたわけではないけれど、自分の「無意識くん」を、いい「湧き出し型セルフトーク」で満たすことを意図して自分に語りかけるというもので、スポーツ選手などは試合中にこのタイプの「刷り込み型セルフトーク」を多用しています。ルー・タイス氏の著書の中で紹介されている「Yes, I'm good」もひとつの例でしょう。

【例】

「できるできる」

「私って最高！」

「落ち着いて落ち着いて」

「自分を信じて、みんなを信じて」など。

質の高いセルフトークを「無意識くん」に刷り込む

では、それぞれのセルフトークとはどのように付き合えばいいのでしょうか。

まず理解しておきたいのは、ネガティブなセルフトークが多く湧いてくる人は、それだけ「無意識くん」がネガティブな考えで満たされているということです。反対にポジティブなセルフトークが多く湧いてくる人の「無意識くん」はポジティブな考えで満たされています。

ゴールを実現するためには「無意識くん」をポジティブなセルフトークで満たしたほうがいいことはいうまでもありません。

「無意識くん」は過去の経験や3つのモノサシなどによる思考のクセでできあがっていますが、その「無意識くん」をいかにして望ましいものにするか、具体的には、質が高い「刷り込み型セルフトーク」を刷り込むことによって、「無意識くん」を満たす「湧き出し型セルフトーク」の質を高め、「無意識くん」が自然にゴールに向かえるようにしていきます。

脳は、何かを体験するたびに、それを神経ネットワークに記憶していきますが、セルフトークの質を高めることによって、いわば新しい回路を作るようなイメージです。意識していいセルフトーク（刷り込み型セルフトーク）を行なうことで「無意識くん」を更新して、湧いてくるセルフトークをよいものにしていくのです。

そこで、どうすれば湧いてくるセルフトークの質を高められるか、ということを考えるわけですが、「自分を信じる力」が十分に育っていない人の「無意識くん」は、たとえていうと、黒い汚れた水（悪い湧き出し型セルフトーク）で満たされたグラスのようなものです。

そのグラスを流しの蛇口の下において、蛇口から少しずつ、きれいな水（いいセルフトーク＝刷り込み型セルフトーク）をグラスの中に垂らしていきます。

時間の経過とともに、新しいきれいな水（いいセルフトーク＝刷り込み型セルフトーク）が黒い汚れた水（悪いセルフトーク＝湧き出し型セルフトーク）と入れ替わっていき、だんだんグラスの中の水（「無意識くん」）がきれいになっていくでしょう。

グラスの水が完全にきれいになったときは、「無意識くん」がゴール実現に向けたいいセルフトーク（湧き出し型セルフトーク）で満たされているということです。そして、一度このレベルに到達すれば、外部からの影響などで多少汚れた水が降りかかったとしても、すぐにグラスの水（「無意識くん」）をきれいな状態に戻すことができます。

前項で2つのタイプの「刷り込み型セルフトーク」について例をあげましたが、どちらのタイプも「無意識くん」の入れ替えのためにとても効果的です。

セルフトークで人生は変わる

クライアントさんのひとりに、幼い頃から親御さんに否定され続けてきたため、「自分は生まれてくるべき人間じゃなかった」「私なんか存在しなければ、みんなが幸せになれるのに」「自分にはなんの価値もない」と、激しく自己否定している方がいました。そう思いながら生きるのは、とてもつらく、苦しいことだったと思います。その方は「早くこの人生が終わらないか」とばかり考えていたそうです。

そんな自分を変えたい、と私のところに訪れたその方は、最初、なかなかいいセルフトークができませんでした。たとえば「私は価値のある人間だ」「私が望んだことはすべてかなう！」という刷り込み型セルフトークをしようとしても、「私になんて価値があるわけがない」「無理無理、何やっても無駄だよ」などと悪いセルフトークがどんどん湧いてきてしまうのです。

私はその方に、「焦らずにじっくりといきましょう」と言いました。

「何十年もその無意識で生きてきたんだから、そんなに簡単には変わりませんよ。でも、前向きな『刷り込み型セルフトーク』を自分に伝えていくことで、あなたの『無意識くん』は確実に反応していきます。少し長く感じられるかもしれないけれど、これを2、3カ月も続ければ、必ず変わります」

「自分の無意識に放り込んだポジティブなセルフトークが、無意識から真逆のネガティブなセルフトークを引っ張りだしてくれます。無意識が現状を維持するために、ネガティブなセルフトークをもちだしてきて、あなたのポジティブな思いをつぶそうとするのです。だから、ポジティブなセルフトークを行なおうとすると、かえって悲しくなるでしょう?」

「でも、あえてそういった混沌を起こしてあなたの無意識をきれいにしていかないと、あなたが気づかない無意識の奥深くで、そのネガティブなセルフトークが暗躍して、知らないうちにあなたの人生を下のほうに引っ張り下げるのです。悲しいけれど、それがこれまでの人生だったんです」

ここまで聞いて、そのクライアントさんは大変なショックを受けたようでした。文字どおり、息が止まり、言葉を失っていました。

それでも私は話し続けました。

「でも、過去は関係ありません。それは昔のこと。今やってもらっているのは、正しい、安全な方法です。2、3カ月も続ければ、必ずよくなりますから、もう少しやっていきましょう」

「途中で不安なことがあったら、いつでも連絡をください」

そうしてコーチングによって悪いセルフトークをいいセルフトークへと変えていくうち、少しずつ、その方の「無意識くん」はいいセルフトークで満たされていきました。そして、コーチングを始めて約半年後、「私はとても価値のある人間だ」「私が望んだことはすべてかなう！」という刷り込み型セルフトークをすると、「そうだそうだ、そのとおり！」「必ずかなうよ！　私にできないことは何もない！」と、自然と前向きな湧き出し型セルフトークで応えるようになったのです。

そんなふうに、「無意識くん」が自分自身を100％肯定し、応援できるようになれば、グラスの水（「無意識くん」）は完全にきれいな状態になったといえるでしょう。

今、その方は「生きていることが苦でなくなった」、それどころか「生きているって楽しい！」と思えるようになったと話してくれています。

「無意識くん」の純度を上げる

ちなみに、トップコーチと呼ばれるレベルの人々は、「無意識くん」の純度が非常に高く、クライアントのゴール実現を一点の曇りもなく「当たり前」のことと認識しています。こうしたコーチと一緒にゴールを目指すクライアントは、それこそ無意識のうちに、その純度の高さに影響され、自分自身の「無意識くん」もきれいになっていくものです。

また、コーチとなる人の絶対的な条件として「絶対にクライアントのドリームキラーになってはならない」というものがあります。コーチを信頼しているクライアントがコーチによって足を引っ張られるのでは完全に本末転倒です。

ですが、実はこれはとても難しいことなのです。コーチはクライアントの成功のために尽力するのが仕事ですが、コーチとクライアントとの間にもコンフォートゾーンが形成されますので、クライアントだけがどんどん成功していってしまうと、コーチとの間で作っているコンフォートゾーンを維持することができなくなり、コーチの無意識がクライアントの足を引っ張ってしまうようになるのです。

これは脳によって引き起こされる生理現象のようなもので、暑くなると汗をかくのと同じように、普通の人が意識で止められるようなものではありません。

コンフォートゾーンにはそのような性質があるため、コーチとなるためには必ず無意識を扱う特殊な訓練が必要であり、その訓練を経て、「決してクライアントのドリームキラーとならない」というところまで修行をして、初めて本当に安心して人の将来を委ねられるコーチとなることができるのです。

ここまでのことをまとめると、「無意識くん」をいいセルフトークで満たし、その純度を上げるのは、状況を一気に好転させる「オセロの端っこを取る」ようなものだといえると思います。これができてしまえば、もう無敵です。ゴール実現を邪魔するものがあっても何も怖くない、という気持ちになれますし、なんでも実現できる翼を手に入れたようなものだといえるかもしれません。

自分の「湧き出し型セルフトーク」を書き出してみよう

私は自分のクライアントさんに「とりあえず、自分がどんなセルフトークをしているのか書き出してみましょう」という宿題を出しています。あるいは、1時間のセッション中、頭に浮かんでくるものをすべて書き出してもらったりしますが、最初のステップとなるのは、自分がどんなセルフトークをしているのか、認識することです。

私はこれを「セルフトークの拾い上げ」と呼んでいます。この簡単なワークを通じて、自分がいかに多くの言葉を発しているかを体験すると、自分の隣にいる「無意識くん」の存在を一層強く感じることができるようになります。

この本を読んでいるあなたにも、ぜひ、このワークをやってみていただきたいと思います。

その結果、どのようなセルフトークが並んだでしょうか。

ここで、いいセルフトークとよくないセルフトークの違いを定義しておきます。

- いいセルフトーク＝ゴールに向かわせるもの
- よくないセルフトーク＝ゴールから遠ざけるもの

また、「ゴール＝心からやりたいこと」なのですから、いいセルフトークは「〜したい（want to）」が基本型であり、逆によくないセルフトークは「〜しなければならない（have to）」ばかりだったりします。

とくに、「嫌だなあ」というようなセルフトークが多い人は、気をつけなければなりません。「嫌だ」というのは「〜しなければならない（have to）」よりもさらに悪く、繰り返し吹き込むことで「無意識くん」に「嫌なこと」を強化した回路を作ってしまいます。

そうしたセルフトークを繰り返せば繰り返すほど、自分を傷めつける方向にいってしまうのです。ひどい場合には、何が起きても嫌なことに見えるようになります。

「毎日つらいことばっかりだ」「今日も上司に小言を言われるのか、嫌だなあ」というったセルフトークが頭の中をぐるぐる回っていると気づいたら、その悪循環をばっさり断ち切ってしまいましょう。

これらのことを念頭に、もう一度、書き出されたあなたのセルフトークを見直してみてください。

「なんだかよくないセルフトークが多いなあ」と思ったら、それをいい「刷り込み型」セルフトークに変えていきます。具体的には、自分が設定したゴールの世界の自分ならどう言うか、想像してみるのです。

いくつか例をあげてみましょう。

【例1】

［起こった出来事］失敗してしまった

［よくないセルフトーク］あー、今日も失敗しちゃった

［いいセルフトーク］さあ、じゃあどうしようか（未来に目を向ける）

【例2】

［起こった出来事］難しい課題に直面する

［よくないセルフトーク］絶対うまくいかないよ

［いいセルフトーク］大丈夫、私ならできる。どうしたら、できるかな（未来に目を向ける）

【例3】

［起こった出来事］同期がトップの成績をあげた

［よくないセルフトーク］あいつはすごいのに、どうして自分はダメなんだろう

［いいセルフトーク］すごいなあ、自分もがんばろう（未来に目を向ける）

【例4】

［起こった出来事］欲しいけど値段が高い

［よくないセルフトーク］高すぎる

［いいセルフトーク］高いな。本当にこれが必要かな。必要なら、どうしたら買えるかな（現状を受け止め、未来に目を向ける）

【例5】

［起こった出来事］雨が降っている

［よくないセルフトーク］雨か、気が重いなあ

［いいセルフトーク］雨だから、傘をもって行こう（気にしてもしかたないことは気にしない）

【例6】

［起こった出来事］仕事が大変で疲れた

［よくないセルフトーク］つらいなあ

［いいセルフトーク］疲れたなら「疲れた」とその内容を言う（ネガティブなセルフトークは脳からのシグナルなので、明確にする。その結果、「疲れた」から「休もう」などと対処法がわかる）

次に、「～しなければならない（have to）」という「湧き出し型セルフトーク」を「～したい（want to）」に変えていく例を見ていきましょう。カッコの中は、「～した

い（want to）」の刷り込み型セルフトークにしたことによって起こった変化を表しています。

●「会社に行かなきゃ」↓「会社に行って好きな仕事をやろう」（好きで始めた仕事だと思い出した）

●「起きなきゃ」↓「自分のために起きよう」（無意味な夜更かしが減って寝る時間が早くなった）

●「いい子育てをしなくちゃ」↓「大事な子供のために、できることを精一杯しよう」（自分の時間を確保しながらバランスがとれるようになった）

●「みんなと仲良くしなくちゃ」↓「気が合う人と親しく付き合おう」（人付き合いが楽しくなった）

●「売れと言われるから売らないと」↓「商品をよく理解して、魅力をきちんと伝えよう」（営業が楽しくなった）

セルフトークで「踏ん張る力」をつける

セルフトークには、もうひとつ、大切な役割があります。それは、ゴールの世界のコンフォートゾーンの臨場感を維持しようとするための「踏ん張る力」を与えることです。

前述したように、動物の本能として、脳は「現状維持」を強く望みます。そのため、「無意識くん」は「現状を維持しよう」として、現状を突き抜けたゴールに向かうことを妨げるのです。

私の経験上、こうした「妨害行為」は、ゴールに向かって歩き出すスタートの時期と、あともう少しでゴールを実現できるという時期に、とくに強烈に表れます。

マリッジブルーが典型的な例ですが、他にもこんなケースが考えられるでしょう。

●順調にダイエットをしていたのに、あるとき、急にリバウンドしてしまう

●禁酒していたのに、ある日、徹夜で飲み明かしてしまう
●あと1回治療すれば治るのに、ぱったり病院に行かなくなってしまう
●何もかもうまくいっていたのに、連絡しないほうがいい人にふと連絡をとってしまう
●大きな成功が見込めるイベントに出かけようとしたら、財布が見当たらない
●最近いいこと続きだったのに、急に体調が悪くなった

これら以外にも「ふっとやる気が出なくなった」「無性に不安になった」「急にイライラしてきた」などの現象はすべて、ゴールに向かおうとするのを「無意識くん」が現状に引き戻すために作ったものです。

「え、そんなことってあるんですか？」と思うかもしれませんが、脳はとてもクリエイティブで、現状を維持するためなら、それこそあらゆる手段を駆使して、私たちが前進するのを阻もうとするのです。

それほど、脳の現状維持の力は強いものなのです。

もちろん、悪い話ばかりではありません。私たちが何かにつまずいて、立ち上がるのに苦労しているときにも同じく強烈に現状維持の力が働きます。そのおかげで、大きく転落することから守られてもいるのです。

そういういい面があるとはいえ、ゴール実現に向けてせっかくうまくいっているのに、こうした揺り戻しがあると、「やっぱり、自分には無理なんだ……」と思ってしまいがちです。そのままそのセルフトークに流されようものなら、脳に「ゴールを実現できないストーリー」の回路を作ることになります。

設定したゴールそのものは揺れないとしても、「自分を信じる力」が揺れてしまうのです。

そこで、刷り込み型セルフトークの出番となります。

揺り戻しの渦中にいると、永遠にそれが続いて、その先に行けないような気になってしまうのですが、そのとき、ネガティブになりがちなセルフトークを放置していてはいけません。

「自分はちゃんとやっている」

「ゴールに向かって、先に進もう」

「絶対大丈夫」

「明けない夜はない」

「決めたからやる、できる」

　こういった刷り込み型セルフトークをどんどん繰り返していって、ゴールを実現できるという自分自身への確信を維持し続けます。

　揺り戻しの時期は、心が揺れるだけでなく、体調まで崩すことがあり、結構つらいものです。私はこの揺り戻しを「コンフォートゾーン酔い」と呼んでいて、人によっては設定したゴールを引き下げてしまいたくなるぐらいにきつい場合もあるのですが、そこでヤケになってすべてを元に巻き戻してしまわないように気をつけなければなりません。いい刷り込み型セルフトークを続けていけば、だんだん落ち着いてきますので、そうしたら、その先にあるものを見つめられるようになります。

　そして、「踏ん張る力」でもうひとつ大事なのが「決める」ことです。

「無意識くん」に「〇〇〇（自分のゴール）を実現するために、新しいコンフォートゾーンを維持することに決めた」と伝えることです。シンプルな刷り込み型セルフトークですが、「無意識くん」はそのメッセージを受け取ってくれます。あなたが決めたことなのですから。

「君ならできる!」と言ってくれる脳内応援団を作る

少し余談になりますが、最近、セルフトークについての新たな研究結果が注目を集めています。

セルフトークは「私は～」というのが前提となりますが、ユー・セルフトーク、つまり「あなたは～」「君は～」「お前は～」という書き出しで始める方法も、「刷り込み型セルフトーク」において高い効果を上げることができる、というものです（157ページの**図表5－2**参照）。

たとえば、

「大丈夫、私ならできる」

「大丈夫、あなたならできる」（ユー・セルフトーク）

どちらをより力強く感じるでしょうか。

実際に声に出してみるとわかりますが、「あなたは〜」バージョンもかなりパワフルです。

とくに男性の場合、

「俺ならやれる」

「お前ならやれる」（ユー・セルフトーク）

と、２つを言い比べてみると、後者にはつい「そうだ！」「よし！」といった言葉を付け加えたくなってしまうのではないでしょうか。

このユー・セルフトークは、イリノイ大学のサンダ・ドルコス博士（Dr. Sanda Dolcos）とドロレス・アルバラシン博士（Dr. Dolores Albarracin）によって提唱されたものです。２０１４年に、ふたりがEuropean Journal of Social Psychology誌上で発表した論文（The inner speech of behavioral regulation: Intentions and task performance strengthen when you talk to yourself as a You）によれば、実験によって「自分自身に

図表5-2 セルフトークの仕組み

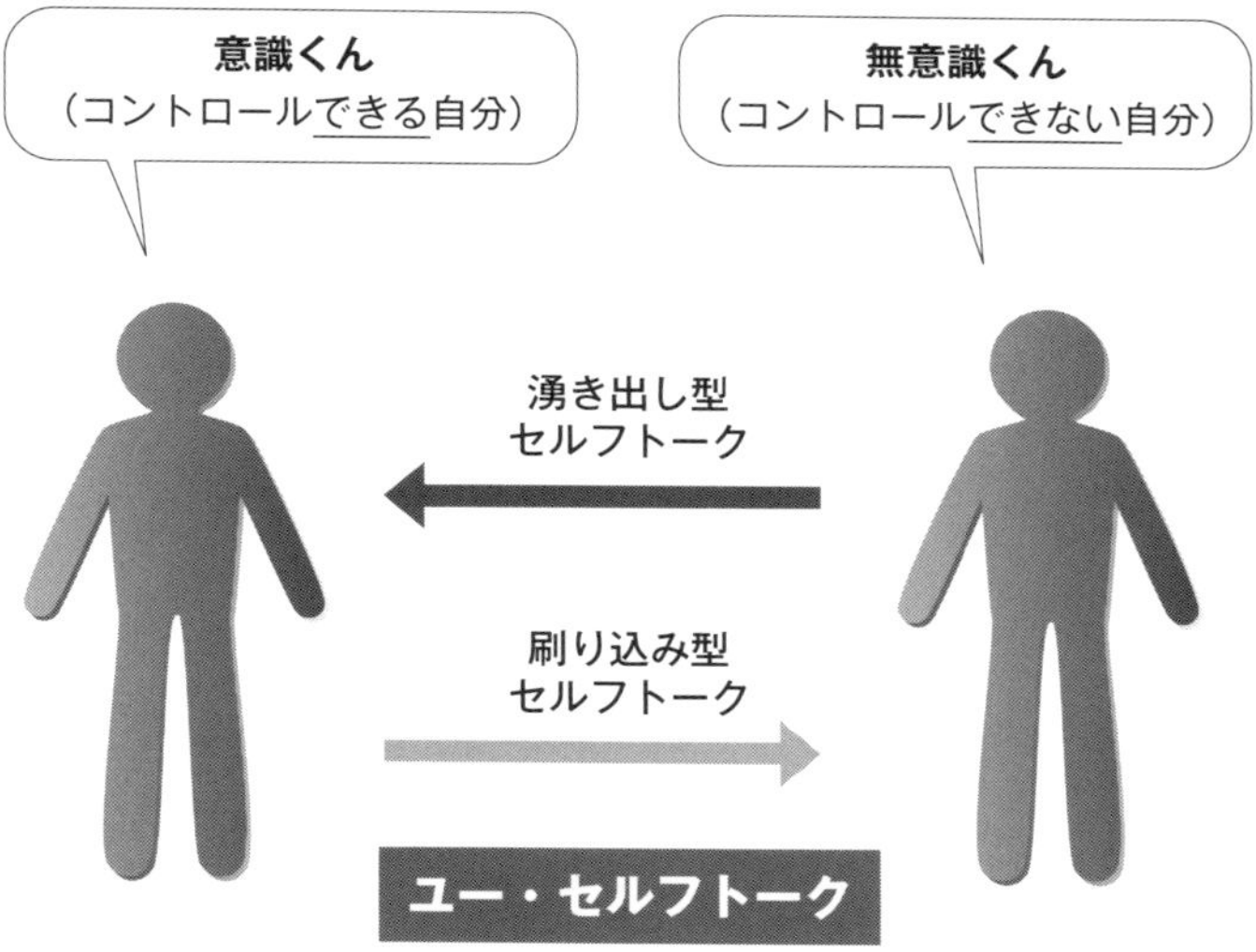

① 「湧き出し型セルフトーク」は、「無意識くん」から「意識くん」に届くセルフトーク

② 「刷り込み型セルフトーク」は、「意識くん」から「無意識くん」に届けるセルフトーク

③ 「ユー・セルフトーク」は、「刷り込み型セルフトーク」の効果をとくに強めるために「あなたは（なら）」で始めるセルフトーク

ＹＯＵの形で語りかける」ことで「Ｉで語りかける」よりもパフォーマンスが高まることがわかったそうです。

ユー・セルフトークというとピンとこない方も、自分の中に「脳内応援団」を作るようなイメージといったらわかりやすいでしょうか。私の知人はこの話を聞いて「それって、脳内に松岡修造がいる感じ？」と言いました。たしかにわかりやすいかもしれません。脳の中から、松岡修造さんに「君ならできる！」と熱く言ってもらう感じです。

このユー・セルフトークですが、本書で説明している「無意識くん」という概念とも相性がぴったりです。あなたが、あなたの隣にいる「無意識くん」に対して「君ならできる！」というわけです。その「無意識くん」はいうまでもなくあなたの一部であって、あなたが発したユー・セルフトークは、めぐりめぐってあなたに帰ってくる、そんな言葉なのかもしれません。

ベースとなっている認知科学という学問自体が常に進歩を遂げていますから、コーチングの理論もまた常に進化を遂げています。最新の研究を取り入れながら、過去のベストに固執することなく、いいとわかったものを積極的に取り入れていくことが大切だと、私は考えています。

自信に「根拠」はなくていい

第4章で述べたように、「ゴール」は「自分自身が作る未来」です。

未来についての話ですから、「それができる」という確信に、「なぜそう思うのか」という根拠は必要ありません。私は常々、「根拠のない自信」という言葉は矛盾に満ちた表現だと思っているのですが、そもそも「自信」は未来のことなので根拠などないと思うのです。

仕事で何かの提案をしたとき、「データを出せ」と言われるのは、「なぜその提案が実現できるのか、その根拠を示せ」という意味です。しかし、「データ」とは過去の情報の積み重ねにすぎません。

「ゴール」という「未来」の話をするのに、なぜ「過去の情報」が必要とされるのでしょうか。

何度も繰り返しますが、過去は未来に関係ありません。

未来が過去を作るのです。

ですから、「未来」である「ゴール実現」について語るのに、「根拠」という過去は不要です。

ひとつ、身近なところで例をあげてみましょう。

あなたがカレーライスを作るとき、「ちゃんと作れるというデータがそろってからでないと作れない」などと、考えもしないと思います。「ちゃんとできる」と無意識に信じて、カレーライスを作っているはずです。

この場合、「私はカレーライスを作る」がゴールだとすると、それが実現できると思う理由は「できると思うから」以外にはありません。

同じように、「ゴールを実現できる」と確信する理由は「できると思うから」でいいのです。

この章の終わりに、「10年後の自分を想像してみましょう」というスペースを作りました（次ページの**図表5－3**参照）。「10年後になっていたい自分」の項目に書き込む内容は、人それぞれです。

非常に高いゴールであれば、「10年後」はゴール達成の途中経過の段階かもしれませんから、「10年後」ではなく「30年後」「40年後」でもいいかもしれません。

けれども、「実現できると思いますか？」「なぜですか？」に書かれることは、皆同じものになるはずです。

ここまで読んできたあなたなら、もうおわかりですね。

まとめ

- 自分を信じる力とは、自分ならできると心から確信する力。
- 根拠のない自信でいいが、自己評価ばかりが高い人とは違う。
- 刷り込み型セルフトークで新しい脳の回路を作る。

図表5-3 10年後の自分を想像してみましょう

10年後になっていたい自分	実現できると思いますか？	なぜですか？

第6章

ゴールドビジョンを劇的に引き寄せる

――第三の力 人を巻き込み動かす力

なぜ「セミナー難民」になってしまうのか

この第三の力は、ゴールドビジョンを力強く、劇的に引き寄せる力になります。

私がコーチングを始めてしばらく経った頃、気づいたことがありました。

高いゴールを設定し、「未来を視る力」「自分を信じる力」についても十分に理解しているにもかかわらず、現状から変われない人が大勢いるのです。

同じように熱心に学んでいるにもかかわらず、変われる人と変われない人がいるのはなぜなのでしょうか。

自分なりに考えてわかったのは、「変われない人々には足りないものがある」ということでした。

変われる人はだいたい「あれこれ考える前に、やってみよう」と行動しているものです。

一方、変われない人の特徴として、間違いや失敗を恐れ、行動する前にマニュアルですべてを知りたい、という学びのスタイルをもっていることが見えてきました。こうした人々は「とにかくやってみよう」とは思えないため、十分に知識を得ようと自己啓発セミナーに熱心に通い、自己啓発本を数百冊も読破していたりします。

それだけ勉強すれば、何をすればいいかはもう十分にわかっているのでは、と思うのですが、彼らは「まだ足りない」「もっと勉強しないと」と、セミナーに通い続け、さらに多くの本を手に取ります。どんなセミナーに行っても、どんな本を読んでも、現状から動けず、ゴールにたどり着けない彼らは、まるで「セミナー難民」「自己啓発難民」のようです。

そうなってしまうのは、自己啓発セミナーにしろ本にしろ、「変わる仕組み」についての知識を主に与えて、「どう行動するか」という動き方を十分には示せていなかったからではないか、と私は考えています。

「これだけ教えれば自分でできるはず」と考えているのかもしれませんし、「そこまで教えるのは面倒」、あるいは「言っている本人も、きちんと教えるほど行動の仕方がわかっているわけではない」といった理由かもしれません。

いずれにしても「セミナー難民」「自己啓発難民」になってしまう人々は、もともと「今の自分を変えたい」と強く思ったからこそ自己啓発に興味をもったはずなのに、十分な知識を得てもなお「今の自分」という現状の外へ一歩を踏み出すことができないでいるのは残念としかいいようがありません。

そこで、この本では、「どう行動するのか」についても、その方法を示していきたいと思います。そして、この点こそが他の本では書かれていない、ユニークな点だと考えています。20代から世界中の成功法則を学び、さまざまな苦労をしながらも自ら起業家として複数の企業を立ち上げてきた私だからこそ構築できた方法論だと自負しています。

もちろん、コーチとして直接クライアントと関わっていくのと異なり、本を読んでもらっただけで「行動できるようにする」というのは、私にとって、ひとつのチャレンジといえます。けれども、「いつ」「どのように動くか」をはっきりお伝えすることで、少なくとも、これまでよりずっと動きやすくなるはずです。

私の実感では、90%以上の方が「わかっていても、変われない」ようです。その意味で、この章の内容は、いわばゴールドビジョン実現の決め手となるといってもいいでしょう。

脳は「行動すべきとき」を知っている

まず「いつ動くか」ということについてですが、「ゴール設定」と「自分を信じる力」というゴールドビジョン実現のための2つの柱が確立されていれば、RASによって自然と動くべきタイミングがわかります。

ここまで述べてきたことをおさらいしてみましょう。

●脳は2つのコンフォートゾーンを同時に維持することはできない

●高いゴールを設定し、ゴールの世界のコンフォートゾーンの臨場感が高まり、そこが自分の新しいコンフォートゾーンになったとき、それまでのコンフォートゾーンだった現状から、より臨場感が高いゴールの世界へと、脳は全力で向

かおうとする

● 脳の機能であるRASは、ゴールに合致した「重要な情報のみを通す」という性質がある。したがって、ゴールを設定すると、そのゴールの実現に必要な情報が選択的に認識され、収集される

● セルフトークは「湧き出し型」と「刷り込み型」の2種類があり、「無意識くん」が良い「湧き出し型セルフトーク」(ゴールに向かうのを応援するセルフトーク)で満たされるようにするために「刷り込み型セルフトーク」で望ましい思考のクセを作っていく。これによって、ゴールの世界にたどり着くための大きな力を生み出すことができる

ゴールが適切に設定されていれば、RASによって、ゴール実現のために必要な情報が入ってきます。「動くべきとき」もちゃんと脳が教えてくれます。

もしかしたら、なんらかの事情で「今だ!」というタイミングを逃してしまうこともあるかもしれません。そういうときでも「自分は決定的な機会を逃してしまった

……」と嘆く必要はありません。

ゴール設定がちゃんとできていれば、必ず次のチャンスは訪れるものです。「次に行けばいい」「また今度呼んでもらおう」といった刷り込み型セルフトークで、焦らずに「次」を待つことにします。

コンフォートゾーンは「人」で作られる

「いつ行動するか」を脳が教えてくれたとき、そこで実際に動くことができなければいけません。では、「どのように」行動すればいいのでしょうか。

ここでひとつ押さえておきたいのは、コンフォートゾーンが何で作られているか、ということです。

コンフォートゾーンは持ち物やお金では変わりません。

あなたを定義するものは、物やお金ではないからです。

たとえば、なんらかの事情で誰かから高級車を突然もらったとします。しかし、それだけであなたのコンフォートゾーンは「高級車をもっている自分」に変わることはないでしょう。あなたのコンフォートゾーンは前のままで、所有している車だけが変わった状態です。車だけが高級車になっても、かえって、居心地の悪さを感じてしまいますし、「車」が「ブランド物のバッグ」や「宝くじで当たった1億円」であっても、同じことです。

けれども、自分と同じような高級車をもっている人々との交流が生まれると、一気にコンフォートゾーンは動くはずです。

私はコンフォートゾーンを形成する最大の要素は「人」だと考えています。

現状のコンフォートゾーンをゴールの世界のほうに動かすには、ゴールの世界にいる人々と出会い、交流を深め、その世界に自分を根づかせなければなりません。

前にもあげた例ですが、会社を辞めて起業したいなら、今いる会社の人間関係の外に出て、自分のゴールの世界にいる「起業した人々の集まり」に積極的に出ていくことが必要です。

ゴールの世界に住んでいる人たちと交わらないことにはコンフォートゾーンは変わ

りません。

　このように書くと、「これまでの人間関係を否定するのか」と反発する人がいるかもしれません。それは、半分はYESで、半分はNOです。

　ゴールの世界の住人になろうと思えば、どうしても、その世界に住んでいる人々との出会いを重んじ、共に過ごす時間を増やしていく必要があります。その意味では、これまでの人間関係に割ける時間が少なくなるのは事実です。その意味ではYESです。

　ただ、「半分はNO」の理由として、たとえば社会人になれば、学生時代に付き合っていた人々と毎日顔を突き合わせるということは自然となくなり、代わって職場や仕事上の新しい人間関係の中で生きていくのが当たり前になるわけです。だからといってそれは学生時代に培った関係を切り捨てるということを意味しません。

　今の自分から変わろうとするときは、いわば人生の新しいステージに足を踏み入れるのと同じです。ステージが変われば、誰でも新しい世界での出会いを必要とするだけのことで、何も損得勘定でコンフォートゾーン（付き合う人）を変えていきましょう、といいたいわけではありません。

リアルで場を共有する重要性

コンフォートゾーンの形成にあたっては、そこにいる人々と同じ場を共有することが重要です。

面識のない人とコミュニケーションをとるとき、いきなり電話やメールでやりとりをするよりも、直接会って話をするほうがより相手の言いたいことをキャッチできるものです。

実は、私たちが誰かと場を共有しているとき、互いの「無意識くん」は活発にコミュニケーションを交わしています。実際に言葉を交わす前から「この人とは気が合いそう」と思ったり、逆に「この人はなんだか苦手かも」と避けたくなってしまったりすることがあるのは、そのためです。

そして、実は「無意識くん」は同じ場所にいる人の「無意識くん」を満たしているものを、一緒にいるだけで吸収します。

これにはホメオスタシス（恒常性維持機能）という人間が生得的にもっている性質が関係しています。ホメオスタシスは、たとえば私たちの体温が一定の幅に維持されるように、人間や動物が生存するために自らの状態を一定に保つ働きのことをいいます。

コンフォートゾーンはこのホメオスタシスの結果として作られているといえますが、実はそれは人間ひとりの物理的な肉体だけでなく、「場」を共有する者同士では、肉体を超えて共有されることがわかっています。この性質があるため、言葉を交わさなくても、無意識同士でのコミュニケーションがごく自然に行なわれているのです。

無意識同士のやりとりでは、高い臨場感を維持しているほうが相手に影響を与えることもわかっています。そのため、ゴールの世界にいる人々（その世界にいるのが当たり前という認識をもっている人々）と場を共有することで、自分自身の「無意識くん」にもいい影響（ゴールの世界の臨場感）を共有してもらうことができるのです。

最近はネットなどを通したヴァーチャルでのやりとりの割合が高くなりつつありますが、コンフォートゾーンの形成には、絶対にヴァーチャルよりリアルが重要です。

一度でも会って、同じ「場」を共有しておくと、ヴァーチャルでも臨場感を共有しやすいようです。私が外資系企業に勤務していたときは海外との会議はたいてい電話会議でしたが、一度でも顔を合わせたことがある相手だと、一度も会ったこともない人とのコミュニケーションに比べて、数段相手の言いたいことが理解できたものです。

大きな差を生む「人を巻き込み動かす力」

同じ知識を得ても「変われる人」と「変われない人」がいるのは、「行動すべきときに動けるかどうか」が分かれ道となってしまうからです。そこで、突き抜けるために欠かせない力の最後にあげるのは、「人を巻き込み動かす力」です。

「人を巻き込み動かす」という表現を使ったのは、ゴールを実現するためには、あなたのゴール実現をとくに一生懸命応援してくれる人が、できれば7〜10人くらいは必要で、その周辺でゆるやかに応援してくれる人も20〜30人くらいは必要だからです。

これはあくまでも感覚、経験値なのですが、熱烈な支援者が7人くらいいると盤《ばん》石《じゃく》なサポート体制がとれるようです。支援者も忙しいので4～5人くらいだと手が足りなくなりますが、7人いると誰かが動いてくれます。「マジカルナンバー7」という言葉もあるくらいなので、人がとくに深く関わりやすいのはこれくらいの人数なのかもしれません。

また、その周辺でサポートしてくれる方もその3倍くらいの人数がいると望ましいでしょう。コアの7人も忙しさなどの状況によって入れ替わりますので、その際の候補者としても大切です。

正確な人数はともかく、いずれにしても大きなことを成し遂げるためには必ず協力者が必要です。私は、ゴールドビジョンの実現のためには、意識して人の力を借りて、大きなエネルギーを生み出していくことが重要だと考えています。

大勢の人とゴールが共有されることにより、ものすごいパワーが生まれ、ゴールの実現が強力に後押しされるのです。

実は、「とにかくやってみよう」と行動できる人は、この「人を巻き込み動かす力」を直感的・本能的にもっているようです。でも、「自分は、引っ込み思案だから……」

と悲観することはありません。「人を巻き込み動かす力」は、他のことと同じように、一種のスキルとして学ぶことで使えるようになっていきます。

具体的に説明すると、「人を巻き込み動かす」ためには7つの力が必要になります。

(1)出会う力
(2)つなげる力
(3)信頼される力
(4)推薦される力
(5)伝える力
(6)植える力
(7)育てる力

大きく分けて、(1)〜(4)が「信頼を得て応援される力」であり、(5)〜(7)が「ゴールドビジョンに共鳴してもらう力」です。それぞれの関係性についていうと、(1)〜(4)までの力を土台にして、(5)〜(7)の力で実践していくということになります。
では、それぞれの力について、順番に説明していくことにしましょう。

(1) 一歩を踏み出すための「出会う力」

最初の「出会う力」は、自分が目指しているゴールの世界の住人と出会う力です。「出会い方」は簡単です。ゴールを設定し、そのゴールの世界をコンフォートゾーンだと脳が認識すると、自分がどういった場所に顔を出せばいいのか、「無意識くん」がちゃんと選んで教えてくれます。

趣味の世界で考えるとわかりやすいかもしれませんが、何か新しいことを始めようと思ったら、最初のステップは、すでにそれをやっている人の集まりに行ってみることです。マラソンでもスキューバダイビングでも茶道でも、なんらかのサークルなどに入って、いろいろ教えてもらいながら、だんだん上達し、そのうち「マラソンをしている自分」「スキューバダイビングをしている自分」「茶道を嗜《たしな》む自分」がコンフォートゾーンになっていきます。

あるいは、大学生の就活も「出会う力」を発揮する行動といえるでしょう。これから社会に出ていくにあたって、職場訪問をしたり、ＯＢやＯＧに話を聞いたり、インターンシップを体験したりすることで、「社会人の自分」というコンフォートゾーンが形成されていくはずです。

「ゴールの世界の住人に会いに行く」というと、ゴールが高いほど、その場所にいる人に会いに行くのはハードルが高いように感じてしまうかもしれませんが、それは、実際、多くの人が普通に行なっていることなのです。

そう思うと、気軽にできるような気になってきませんか。

会いたいと思う人には、「私なんて……」と尻込みせずに、どんどん会いに行きましょう。

ここで気をつけないといけないのは、ゴールを設定しないで人に会うことは逆効果だということです。

考えてみてください、ある若手社員が「やはり人脈作りが大事だ」と思って、自分のまわりの人たちと名刺交換を始めたとします。通常、そこで出会える人たちは、現状のコンフォートゾーンの中にいる人たちです。

「出会う力」では、ゴールを設定して、そのゴールの世界のコンフォートゾーンに臨場感を感じながら人に会いに行くからこそ、そちらの世界に移るきっかけになるのです。そうでなければ、現状のコンフォートゾーンで出会う人たちの名刺を100枚集めたとしたら、下手をしたらますます現状に縛りつけられる可能性すらあります。

100枚の名刺の持ち主にお礼のメールを書いたり、電話で話をすることを考えてみてください。現状のコンフォートゾーンで忙しく、ゴールから遠ざかってしまうことになりますよね。

(2) ゴールの世界にとどまるための「つなげる力」

もちろん、「出会う」だけでは十分ではありません。

たとえば、憧れている人と何かの機会に会うチャンスを得たとします。そこで名刺交換をして、「自分はあんなすごい人と名刺交換をした」と喜んでいても、その出会いはそれきりに終わる可能性が高いでしょう。

「すごい人」と本当につながるためには、「名刺交換」以上の関係を作ることが必要です。

先ほどあげた趣味の世界の例でも、何も知らない「新入り」の立場では、一生懸命、人間関係を築こうと努力しなければ、その世界に根を下ろすことはできません。

仕事で転職したり、新しい部署に異動になったときは、そこで自分を知ってもらい、居場所を作るために、いろいろな人に積極的に話しかけたり、仕事を率先して引き受けたりすると思います。

要するに、ゴールの世界に足を踏み入れた当初は、まだ背伸びをしている状態です。その世界を確固たる自分の新しい「コンフォートゾーン」にするには、そこに定住できるよう、なんらかの「貢献」が必要になってきます。実際、「貢献したい」という意思をもっている人でなければ、「新入り」はなかなか受け入れてもらえないものです。

そうはいっても、背伸びをしている状態なのですから、そもそも何をすればその世界にとって「貢献」になるのか、と悩んでしまうかもしれません。

ここは踏ん張りどころです。

「貢献したい」という気持ちがあれば、きっとなんらかの方法が見つかるはずですが、とくに効果的なのは、人を紹介することです。

コンフォートゾーンは「人」で作られていますから、「人」は「つなげる力」の最強の要素なのです。ＦａｃｅｂｏｏｋなどのＳＮＳのツールを、こういうときにこそ、大いに活用しましょう。

この「人を紹介する」というのは、なかなかできなかったりするのですが、実際にやっている人は皆、ゴールの世界に定着することに成功しています。

「お引き合わせしたい方がいます」、あるいは「ご紹介したい方がいます」という言葉を、ぜひ使ってみてください。「とても面白い方がいるので、お引き合わせしたい」と言われて、喜ばない人はいません。

冒頭にあげた例でいえば、「憧れの人」と名刺交換をしたら、「そういえば、ぜひご紹介したい方がいるんです」とその場で言ってみましょう。

「憧れの人」を前にして、ただでさえ緊張しているのに、さらに一歩踏み出すのは勇気がいると思いますが、これはその場でやらなければ意味がありません。「後日改めて」では、ますます腰が重くなってしまうでしょうし、第一、相手は名刺交換しただけのあなたを覚えていないということも考えられます。

紹介するのは、取引先の役員や自社の役員、優れた先輩など、あなたより格上の方が望ましいでしょう。

尊敬している友人、知人を紹介すると、双方に喜ばれます。

初対面であっても、「今日お会いしてお話を伺っているうちに、ぜひお引き合わせしたい方が頭に浮かびまして。○○さんといって、△△をされている、とても素敵な方なんですが」と言えば、「そうですか、それはありがとうございます。でしたら、こちらの名刺のメールアドレスにご連絡をください」と言ってもらえるものです。

⑶「信頼される力」がなければ相手にされない

てきます。

「つなぐ力」でゴールの世界に根を張ったら、その根を深く下ろすことが必要になってきます。

そこで、「信頼される力」の出番です。

「信頼される」ためには、第5章で説明した「自分を信じる力」がカギになります。

背伸びした状態でゴールの世界にいると、つい「私なんて」「場違いなところに来てしまって」と言ってしまいがちですが、これは口にしないようにしたい「禁句」だと考えてください。

そんなふうに自分を卑下していたら、「信頼に足る人だ」と思ってもらうことなどできませんし、それどころか、「場違いな人間がここで何をしようというのか」といぶかしがられ、「利用されてしまうのでは」と警戒されてしまうことすらあります。

逆に、自分が言っていることに100%確信をもっている人の話は、真剣に聞いてもらえるものです。

たとえば、「これは絶対、お勧めです」と言われたとき、本当にそう思って言っているかどうか、「無意識くん」は敏感に察知しています。

「これ、すごくいいから！」と映画や本、音楽などを人から勧められたことはありませんか。その人が心からその映画（本、音楽）を素晴らしいと思ってそう言っているのであれば、その気持ちは自然と伝わってきますし、「そこまで言うなら、そうなのかな」とつい心を動かされてしまいます。

また、「私なんて」と自分をおとしめる相手より、自分が目指すゴールの世界に力強く歩んでいる人と一緒にいるほうが、エネルギーが湧いてくるものです。自分がこうと決めたゴールを目指し、「こういうことをやりたい」と目を輝かせて語る人に、人は自然と引き込まれていくのです。

自分がやっていること、言っていることに１００％の確信をもてるところまで、「無意識くん」を研ぎ澄ましましょう。自分がやっていること、言っていることを信じきって、一点の迷いも曇りもないところまで「無意識くん」を高めれば、あなたの姿勢は相手にバシッと伝わります。「自分のゴールを実現できる」というエフィカシーを極限まで高めることによって、「信頼される力」も極限まで高まるのです。「あなたがそう言うなら」という言葉は、まさに「信頼される力」の表れです。そう言われるためにも、「自分を信じる力」をしっかりと伸ばしておきましょう。

(4)「推薦される力」にはタグが必要

「あなたがそう言うなら」と言われるようになれば、ゴールの世界に完全に根を下ろすまで、あともう少しです。

この段階までくれば、ゴールの世界に足を踏み入れたときは誰かを紹介する側だったのが、今度は「ぜひ紹介したい人がいる」と推薦される立場になるでしょう。そしてそれは、あなたが次のさらなる高みへと羽ばたくことへとつながります。

推薦されるとき、「こんな人がいてね」という説明を容易にするためには、自分がどんな人間かをシンプルに表現するタグが必要です。

このタグは、とって付けたようなものでは意味がありません。世間的に通りがいいというようなことではなく、心からなりたいもの、つまり自分のゴールが実現したときにそこにいる自分の姿を表した表現がタグになるのです。

それは、現在の自分を表すタグではないかもしれませんが、ゴール設定ができていれば、「こうありたい自分」のタグは案外簡単に見つかるはずです。

私のクライアントさんのひとりは、自分が設定したゴールの世界にいる人々と交流するとき、最初のうちは、現在の仕事の名刺を渡していました。誰もが知っている一流企業の役職付きの名刺です。どこで出しても一目置かれるものでした。

ところが、ゴールの世界のコンフォートゾーンに根を下ろしていくにつれて、「今の名刺は自分のタグにはならない」という気持ちが強くなり、とうとう新しい名刺を自分で作って、それを使うようになったのです。それはその方が残りの人生のすべてを賭けようと決めた、ある事業のための名刺でした。その名刺を作り、新たな世界で交換することにより、その方はゴールの世界の住人になった自分を感じていきました。そして、これからの活動の力となる、新しい人脈を得ていったのです。

誰かがあなたを推薦するときに使われるタグはどんなものでしょうか。

自分のゴールに照らし合わせていけば、その答えは必ず見つかるはずです。

(5)「伝える力」は「無意識くん」同士のコミュニケーション

さて、ここからは、「ゴールドビジョンに共鳴してもらう力」になります。

ゴールドビジョンに共鳴してもらうためには、まず、その内容を理解してもらわなければなりません。

といっても、ゴールの世界のコンフォートゾーンに入ってすぐに、いきなり自分のゴールドビジョンについて語っても、「こいつ、何を言っているんだ」という目で見られてしまうでしょう。なんの実績もない新人がビッグなプロジェクトについて熱く語ったとして、それがどれほど素晴らしい企画でも、誰も本気で聞こうとしないのと同じことです。

ですから、(1)~(4)の力でまずゴールの世界での人間関係をしっかりと築き上げる必要があります。

そして「そういえば、君はなんの仕事をしているんだっけ？」と聞かれたら、そのときがゴールドビジョンについて語る絶好のタイミングといえます。

きっと、「そうなんだ、早く言ってくれればよかったのに」といった反応が返ってくることでしょう。相手からあなたのゴールドビジョンを聞いてくれるくらいのタイミングまで待つのがちょうどいいかもしれません。

では、どうすればうまくゴールドビジョンを伝えることができるでしょうか。

この章の初めのほうで「コミュニケーションは『無意識くん』同士のやりとりに負うところが大きい」という話をしましたが、何も言わなくても「無意識くん」は相手の「無意識くん」とコミュニケーションをとっています。

つまり、あなたの「無意識くん」が、ゴールの世界を自分のコンフォートゾーンであると確信していれば、自然と相手の「無意識くん」にゴールドビジョンは伝わるのです。

何かを提案して「いいね」と言われるか、却下されるかは、すでに相手の「無意識くん」が決めているといえます。

このことを十分に理解していると、コミュニケーションそのものに対するアプローチが変わってきます。あなたの話を聞いてくれる人たちは、あなたが何を話すかよりも、あなた自身がどんな人物であるか、を無意識で見ています。

話す内容を研ぎ澄ますのも大事ですが、ゴールドビジョン・メソッドの「未来を視る力」と「自分を信じる力」を研ぎ澄ますことがそれよりもはるかに重要だ、と理解することができるのではないでしょうか。

(6) できる営業マンは「植える力」をもっている

主要なコミュニケーションが「無意識くん」同士で行なわれているとすれば、言葉でのコミュニケーションは「無意識くん」同士の確認作業にすぎないことがわかります。

ですが、「無意識くん」同士のコミュニケーションの内容は意識には上がっていないので、伝えた相手が意識的に理解するために、言葉で「伝える」ことが重要な役目を果たします。

とくに大事なことは、「押しつけない」ということです。押しつけられると、どんなにいい話であっても、「無意識くん」は反発してしまいます。すでに何度も話しているように、現状を維持したいというのが人間の本能ですので、その現状に変化をもたらそうとするあらゆる影響を「無意識くん」は排除しようとします。その結果としての反発になるのです。

その意味でも「プレゼンテーションは一度に通してやったほうがいい」というのは、実は間違っています。流れるようなプレゼンテーションは、聞いているときには「いいねえ」となることもありますが、終わったとたんに忘れられてしまうことが多いのです。それは、意識で聞いていて、無意識まで入り込んでいないからだといえます。

望ましいのは、あえて情報をばらし、かつ、空白を作ることです。すると、聞き手の「無意識くん」が、聞いた内容を元に自発的に情報を整理し、またその空白を埋めようとします。その結果、プレゼンテーションの内容をいつしか自分のアイデアとして考えるようになっていくのです。

このように、相手の「無意識くん」が自分で納得できるよう、自然に任せましょう。自然に任せるといってもただ放っておくのではなく、相手の「無意識くん」があなたのゴールドビジョンを理解するために必要な情報を、少しずつ「植えて」いくことが重要になってきます。

感覚としては、相手が「もうちょっと詳しく聞かせてほしい」と言い出すくらいの情報量がベストでしょう。そして、「植えた」情報が相手の「無意識くん」の中で育つのを待つのです。

実際、できる営業マンは皆、この「植える力」をもっています。

彼らは、自分が売る商品の魅力を最初の段階で全部言ってしまわず、相手の興味がありそうな情報を小出しに伝えていきます。

「今日はこのあたりで失礼します」が、キーワードです。

そうやって何度もコツコツと足を運び、少しずつ相手の「無意識くん」に情報を伝えていくことで、次第に相手は「ちょっと試してみようか」と気持ちが動き、最終的には「自分が必要だと思ったから、この商品が欲しい」と思うようになります。

本当は営業マンの植える力が威力を発揮したのですが、「営業マンに勧められたから買う」とは考えません。人は自分が納得したことだけを信じるものなのです。

これをゴールドビジョンに置き換えれば、あなたが「私のゴールの実現に力を貸してください」とプッシュしなくても、相手が自然とあなたのサポートをしてくれる状態にするのです。

営業マンなら誰でも「植える力」をもっているとは限りませんし、これは一種の「奥義」のようなスキルといえるものだと思います。けれども、「この商品は絶対にこの方の役に立つはずだから、ぜひ購入してもらいたい」と確信している営業マンが自然とこのスキルを使っているのと同じで、あなたが自分のゴールドビジョンを心から信じていれば、「植える力」を発揮するのは、決して難しいことではありません。

「押しつけない」

「情報を少しずつ」

を忘れずに、自分なりの方法を見つけてみましょう。

⑺「育てる力」なくしては、花は咲かない

せっかく種や苗を植えたとしても、そのまま放置していては枯れてしまいます。花を咲かせ、実をつけさせるために大切なのは、水や肥料をやり、ときには日当たりのいいところに移動させるなどして、成長を見守ること。

そう、ここまで積み重ねてきた力を大輪の花に仕上げるのには、「育てる力」なくしては考えられません。

「植える力」で相手の「無意識くん」に伝えた情報も同様に、大事に育てなければなりません。半年前に名刺をもらっただけの相手の顔が思い出せないように、おりにふれてリマインドしなければ、あなたという存在は簡単に忘れられてしまうでしょう。

- 会って話す
- 電話をする

●手紙を送る
●メールをする

いろいろな方法が考えられますが、ＳＮＳの活用も気軽にリマインドできるという点で効果的です。

これは、たとえば、仕事の企画を通すときの根回しにも似た作業といえます。

企画書を出して、即ＯＫということにはなかなかなりません。

何度も繰り返し、練り直した企画書を出しつつ、キーパーソンをはじめとするさまざまな人にその企画について話して回るうちに、何かの機会で「そういえば、あいつが言っていたから、やらせてみようか」ということになるものです。

それと同じで、リマインドを続けていけば、「あなたがやりたがっていたことをよく知っている人がいるから、紹介しようか」「こういう情報がありますよ」と、周囲があなたのゴールドビジョン実現に向けて、自然と動いてくれるようになります。

もしいろいろやっているのに全然「育たない」なら、それはやり方に改善の余地があるということです。もう少し工夫するか、別の方法を探せばいいだけです。

ここまで述べてきた7つの力で構成される「人を巻き込み動かす力」は、ゴールドビジョン達成のための最後の、そして決定的なひと押しともいうべき「力」です。

これらの力はすべて、「無意識くん」が自然と行なうようになって初めて、「力」といえるものになります。

そのためには、この本の中で繰り返し説明してきた「高いゴール設定」と「自分を信じる力」という、ゴールドビジョン・メソッドのいわば2本の柱がしっかりと建てられていなければなりません。

この2つは、あらゆる要素と深く関係しており、これがなければ何も始まらない、最重要事項なのです。

突き抜けるために必要な3つの力について、あなたはさまざまなことを学んだと思います。

あとは実践あるのみです。

現状の外にゴールを設定する。

いい刷り込み型セルフトークによって「無意識くん」を「自分を信じる力」で満たしていく。

やり方は、もうわかっているはずです。

今の自分を変え、新しい世界へと飛び出していくために、あなた自身の一歩を踏み出してみましょう。

まとめ

- 人を巻き込み動かす力とは、信頼を得て応援される力、そしてゴールドビジョンに共鳴してもらう力。
- コンフォートゾーンは人で作られる。
- 人を巻き込み動かす力を強くするには7つの力が必要。

終章

ゴールドビジョンで人生が変わる

ゴールドビジョンで人生が変わった

ここまで、さまざまな事例をあげながら、ゴールドビジョンで現状を超えて突き抜ける方法について述べてきました。

序章で触れたように、ゴールドビジョン・メソッドによるコーチングを行なった私のクライアントさんたちは皆、自分に対して抱いていた不安から抜け出し、新しいゴールの世界へと羽ばたくことに成功しています。

ゴールドビジョンの扉は、誰の前にも平等に開かれています。

そして、私自身も、ゴールドビジョンによって失敗や試行錯誤の多い人生を大きく変えたひとりです。だからこそ、ゴールドビジョンの価値を心から確信し、ひとりでも多くの方に役立ててほしいと強く願っています。

そこで、最後に私の体験をお伝えし、読者の皆さんの参考にしていただければと思います。

私は、父親の仕事の関係で、1歳から6歳まで米国のサンフランシスコで過ごしました。幼児期にアメリカで生活をしたことは、私のその後の人生に大きな影響を及ぼしました。

アメリカでは、はっきりと主張することが求められ、自己主張は「褒められるべき」行動とみなされています。そして、夢は「大きければ大きいほどいい」とされます。少なくとも私はそう感じました。

私の幼い頃の夢は「アメリカ合衆国大統領」でした。

まさに現状をはるかに超えたゴール設定でしたが、当時のアメリカは1970年代、まだまだアジア人は差別を受ける時代で、子供ながらに疑問と憤りを感じていました。そこで、ごく純粋に、世界で一番影響力のある立場となって世界をいいものに変えたいと思っていたのです。

子供の頃から興味は「人助け」

けれども、そんなアメリカ的価値観に染まっていた私は、日本に戻ってから、いろいろと苦労することになりました。

何よりも苦労したのが儒教的な「長幼の序」の感覚です。日本人のクラスメイトは当然のように、その感覚が体に染み込んでいますが、私にはそれがわかりません。当時アメリカでは、自分の母親のことを名前で呼んだりしていました（たとえば、「お母さん」や「ママ」と呼ぶのではなく、名前の「スーザン」と呼んだりする）ので、親子は原則として対等、だから先生とも基本的に対等、というような感覚でした。

実際には親の言うことにはもちろん強制力があったようですが、子供であっても大人と同じように尊重されているように見えました。私はこのような環境で育っていたので、帰国後、日本の学校で、先生方に対してもとても生意気で失礼な、ときに無礼な生徒に映ったと思います。

また、周囲の空気を読むという点でも苦労しました。アメリカでももちろん場の空気というものはあるのですが、場の空気はあっても「言うべきだと思うときには言う」が優先されます。しかし、日本ではそうとばかりもいえません。「言えない雰囲気」の中で皆が口をつぐんでしまう場面を何度も経験してきました。

そんな中、「自分が正しいと思ったことをはっきり口にする」という私の行動はまわりの人にとっては困ったものだったかもしれません。低学年のうちはまだよかったものの、「空気を読まない」私に対する周囲の眼差しは、次第に冷たいものへと変わっていきました。

たとえば、クラス委員を決めるとき、子供の頃から人前に出るのが好きで、かつリーダー気質だった私は、いつも「はい！」と元気よく立候補の手をあげていました。それなのに、クラスメイトたちは「久野くんじゃないほうがいいと思います」と言って、私をクラス委員にしようとはしないことが何度かありました。

軽いいじめのようなものですが、居心地の悪さを感じながらも、理由がわからないので、とくに自分のやり方を変えようとはしませんでした。

普通なら、「あいつ、生意気だ」と、もっといじめられたことでしょう。そうならなかった理由のひとつとして、私が少し勉強ができたことがあったかもしれません。テスト前に「勉強を教えてほしい」「一緒に勉強しよう」と言ってくる子に親身になって教えていたので、「あいつは生意気だけど、いいやつだ」と思われてもいたようです。

人前に出るのが好きでリーダー気質という他に、私の性格にはもうひとつ、「人の役に立つのが好き」という特徴がありました。

「勉強を教えてほしい」と言われると、役に立てることが嬉しくて、最初は20分の予定だったのが、気がつけば2時間も教えていたこともあったほどです。

そうやって勉強を教えた友達が、今までわからなかったことがわかるようになったりすると、また張り切ってしまいます。目の前で成果が上がっているのですから、自然とモチベーションが上がるのです。

「趣味は人助け」と思うようになった私は、その頃、小学生向けの歴史漫画などを読みながら、図々しくも「僕が皇帝だったら、もっといい世の中にできるのに」などと勝手に想像をふくらませていました。国籍の関係で「アメリカ合衆国大統領」は無理だ、とわかったため、「日本の総理大臣」がそれに代わる夢となりました。なんの根拠もなく、なぜか「自分ならきっと上手にできる」と思っていました。いってみれば、「根拠のない自信」を当時から実践していたわけです。

「政治家になる」ために選んだ道

自信だけはあった私ですが、10代にもなれば、なんのコネもない、普通のサラリーマン家庭の子供である自分はそう簡単に政治家にはなれない、ということは理解していました。

そこで、どうしたら夢がかなうのか、あれこれ知恵をめぐらせました。

政治家の秘書になる。あるいは、政治家のお嬢さんと結婚するなどして、地盤を引き継ぐか。

それとも官僚になって、定年で退官後、政治家になるか。

何もないところから政治の世界に飛び込む場合、普通はこれらの道をたどるのでしょうが、どれもあまり魅力的には思えず、それよりも「他の政治家志望者とは毛色の違う道を歩こう」と思いました。

そんなことを考えていたのは、たまたま父の本棚にあったデール・カーネギーの『人を動かす』という本を読んで感銘を受けた時期と重なっていました。その後も多くの自己啓発系の本を読むようになりましたが、そのおかげで「自分の人生は自分で決める」という、生き方の背骨のようなものが作られていったのだと思います。

再び父親の仕事の関係で一家でロンドンに移り住んでいた私が、高校一年生になって始めたのは、ロックバンドのボーカルでした。

当時はハードロックが流行していて、音域が高いボーカルをバンドのメンバーが探していたのです。そんな中、声が高い私に白羽の矢が立ったわけです。熱心に取り組むうちに、私は、バンドで有名になって知名度を上げ、それで選挙に出るのもいいかもしれない、と思ってみたりもしました。

そんなふうに、最初は政治家になるためのステップの気持ちもありましたが、これが思いのほか、楽しかったのです。政治家になりたいという情熱が薄らいでいくのに反比例して、音楽への情熱はどんどん高まっていきました。

自分は音楽で世界を目指す！

大学進学後も、音楽に対する情熱がおさまることはなく、授業にはあまり出ずに、バンド・サークルの活動に熱中する日々が続きました。

そんな学生時代を過ごしていた20歳のときです。

通っていたボーカル・スクールのオーナーが突然、私に声をかけてくれたのです。

「久野くん、ちょっとお願いがあるんだけど、君、ここで教えてみない？」

まだ若かった私はびっくりしましたが、請われるままそこで教え始めたことがその後の人生の大きな分岐点となったのです。

上司も先輩もいない、20代の経営者

「政治家になりたい」という夢とは別に、実は、私は比較的若い時期から、いつか自

分の事業を興すことを考えていました。というのも私の父親はサラリーマンでしたが、子供に対しては「高校や大学への進学、そして一般的な就職は必須ではない。自分が力を発揮できる道を選びなさい」という姿勢で関わってくれたからです。大学を卒業した後に新卒で就職をするということはあまり想定していませんでした。

こうしたこともあり、バンド活動とスクールでの先生業に力を入れすぎて単位を落とし、1年留年して大学を卒業した後は、就職せずにいきなり起業することにしました。この頃でもまだまだ儒教的な「長幼の序」に溶け込めてはいなかった自分が、サラリーマンとして勤めていくことがとても難しく思えたことも理由のひとつです。

卒業後に最初に始めたのはそれまでの経験を活かしたボーカル・スクールの経営です。それまでに十分に経験を積んでいたうえ、子供の頃から「人に教えること」が好きだった私にはけっこう合う仕事だと感じました。

その後、27歳で通信販売の会社も創業し、それなりに順調に実業家としての道を歩んではいましたが、次第に「このままでいいのだろうか」という焦りと不安が出てきました。

大学卒業後も音楽はずっと続けていたものの、世界を目指すほどの才能が自分にはないことは、もうわかっていました。

では、自分はどうなりたいのだろうか？

今のままでいけば、そこそこ稼げる経営者くらいではいられるかもしれない、けれどそれだけで終わってしまうかもしれない。

いきなり経営者になった私には、仕事を教えてくれる上司も先輩もいませんでした。自分に足りないものがあるという自覚から、経営者として成長するために、また自分自身が抱える不安を解消するために、さまざまな自己啓発のセミナーに通い、数えきれないほどのビジネス書を読みました。しかし、はっきりした答えは、なかなか見つかりません。

そうこうしているうちに、30歳という節目の年齢を迎え、「こうしてはいられない」という気持ちは一層高まっていきました。

どうすれば自分はもっといい経営者になれるだろうか？

私が出した答えは、一般企業への就職でした。

入社半年でトップセールスを記録

大学卒業後、すぐに起業したため、私は世間一般の「会社」というものを知りませんでした。

「まずは会社という組織を学ぶことで、経営者としてより大きな視点を得られるのではないか」と考えた結果、「就職」という方法を選んだわけです。

30歳で初めて就職した会社は就職情報会社と呼ばれる、人材採用を情報や広告で支援する事業を行なう会社でした。私はそこで営業職として採用されました。

生まれて初めて会社員として働いた最初の6カ月間、私は死にもの狂いでがんばり、予算達成率で断トツのトップという実績を残すことができたのです。

これは自慢ではありません。

30代の、まったく素人の新入社員になぜそんなことができたのか、その理由を示すことで、読者の皆さんにゴールドビジョンの効果をお伝えしたいと思います。

仕事を始めてしばらくすると、私は、先輩たちと私とで仕事に対する姿勢がまるで違うことに気がつきました。

最大の違いは、「必ずできる」という信念でした。

たとえば、私が入社した会社には、ずっとアタックしているのに面談のアポさえ取れないという、ある大企業がありました。

私は社長から、「久野くん、君だったらどう攻略する？　試しにアポを取ってみてくれ」という指令を受けました。

先輩たちは「長年アタックしているけれどダメなのだから、何をやってもダメだろう」「どうせ新入社員に取れるわけがない」という目で私を見ていました。たしかに、アポを取ろうと電話をかけても、文字どおりけんもほろろの応対で、先輩たちが苦労したはずです。それでも私は「絶対にアポを取る」とアタックを続け、自分の会社の採用広告がどれほど価値があるものなのか、粘り強くアピールを続けました。そしてさまざまな紆余曲折《うよきょくせつ》のすえ、アポを取ることに成功し、さらにはそれだけで終わらず、とうとう契約（それもとても大きな契約）にまでこぎつけることができたのです。

もうひとつ、先輩たちは「営業は営業部がやるもの」「営業企画は企画だけやるもの」という組織の縦割りという固定観念にも縛られていました。私は途中で営業部から営業企画部に異動する形になりましたが、そのような縦割り思考とは無縁で、クライアントが喜んでくれるなら、自分にできることはなんでも、全力でやりました。その頃の私にとってのゴールドビジョンは「クライアントが喜ぶ顔」であり、それだけをひたすら思い描くことによって、30歳の初心者というハンデをはじき返し、現状を突き抜けることができたのです。

それらのことに気づいた私は、その後、自分に部下ができたとき、自分のやり方を彼らにも伝授することにしました。すると、結果が出ずに苦労していた営業マンの部下たちが、ひとり、またひとりと、見違えるように成果を出すようになっていったのです。

コーチングとの出会い

こうした部下たちの変わりようも含め、自分が多くのセミナーや本で得てきた知識が実際にビジネスの現場で発揮する効果は驚くほどで、「もっと学びたい」と、私は仕事のかたわら、自己啓発の勉強を続けました。

その後、外資系の企業を中心に営業部の他、財務やマーケティング、経営企画やロジスティクス、新規事業の立ち上げなど、業種や風土の違う企業でさまざまな責任あるポジションにつき、多くの経験を積むことができました。

サラリーマンの常として、左遷をはじめとする組織内での挫折も味わいましたが、それでへこたれることもなく、逆に、再び返り咲くことを目指して仕事に取り組み、実際にまた責任あるポジションに復帰するという経験もしました。

そんな中、一冊の本との出会いが、新たな人生の扉を開くことになったのです。

それは、ルー・タイス氏と苫米地英人氏が共同で作ったＴＰＩＥ（Tice Principles

in Excellence）というプログラムを紹介する本で、一読して即座に「これこそが完成形だ」ということがわかりました。

なぜなら、そこには、それまでの自己啓発理論に感じていた、「一部の人しか成功できないのではないか」という疑問点を明確に解消することが書かれていたからです。

「本物に出会った！」と運命的なものを感じた私は、即決で日本に上陸したばかりのＴＰＩＥ講座に申し込みました。認知科学を裏づけとしたコーチング理論を学べば学ぶほど、「この方法であれば、誰でも確実に成功できる」という確信は深まっていくばかりでした。

私がＴＰＩＥで学んだことは、即座に会社での仕事にも応用できました。適切なゴール設定、セルフトークの改善、コンフォートゾーンの理解などは経営に関わる仕事をしていた私の新しい特殊スキルとして、他のマネージャーたちとの違いとなって現われていたと思います。

そしてもちろん、自分自身の「現状を超えたゴール」についても、改めて考えるようになっていったのです。

自分自身のゴールドビジョンへ

その頃、私は何兆円もの売上規模の会社で大きな仕事を任されていました。

当時の私の目標は、そうした世界的企業のトップになることでした。

英語での講義や修士論文を課す数少ない国内MBAとして知られる筑波大学MBAを首席で卒業したのは、そのためです。最初は海外の大学でMBAを取得しようと思ったのですが、家族の事情により外国に行くことができなかったので、国内でもトップで卒業できればそのギャップも埋められるだろうと思い、がんばりました。

こうして、「世界的企業のトップになる」というゴールに向かって着々と歩みを進め、コーチングのセオリーに則《のっと》って「私は世界的企業のトップである」「私は世界トップクラスの経営者である」という刷り込み型セルフトークを行なう日々が続きました。ときには、社長が不在のときに、社長の椅子に座ってみて、「こういう風景が見えるのか」と臨場感を高める行動もやってみました。

しかし、残念ながら私の「無意識くん」は「世界的企業の社長になる」というゴールや私の刷り込み型セルフトークを信じきってはいなかったのです。それゆえに、「ゴールに向かうエネルギーが十分に発揮されない」というもどかしさがありました。

よくよく考えてみれば、「世界的企業の社長になる」というゴールは、自分のそれまでの経験やもっているスキル、自分のポテンシャルなどから「十分にチャンスはある」ということで導き出したものでした。

けれども、それは本当に自分が心からやりたいことなのだろうか? want to のゴールなのか?

自分が本当に心からやりたいことを見つめ直したとき、浮かび上がったゴールは「コーチングで世界一になる」というものに変わっていました。

子供の頃からずっと、人の役に立つことが好きで、人に教えることが得意な自分。コーチングの経験も実地で積み、それによって多くの人が変わることを実感した喜びから、コーチングはもはや自分のライフワークとなっていました。

もともと、学生のときに「自分にサラリーマンは難しい」と思っていたのです。それでも、組織での経験が必要だということから、30代からサラリーマンとして過ごし、それなりの成功もおさめてきました。けれども、やればやるほど「どこか違う」という気持ちは募るばかり。

つまりは「私には難しかった」ということだったのでしょう。

こうして多くの試行錯誤のすえ、30代半ばに、ようやく自分のゴールドビジョンを見つけることができたのです。

「この道」を一緒に見つけていきたい

「ゴールがあって認識が生まれる」というルー・タイス氏の言葉のとおり、毎日山のように新しい発見があり、これまでの自分がいかに多くの盲点にとらわれていたかに驚きます。

自分が心からやりたいことをやっていると、日々の生活と「ゴール」が完全に一致し、見える世界がどんどん変わっていくのです。

頭ではわかっていたことでしたが、自分自身が実際に体験し、感動を新たにしています。

今の私は文字どおり、一点の曇りもなく自分のゴールの実現を信じています。そして、この段階にいたって、人がゴールを実現するために何が必要なのか、完全に明確に説明することができるようになりました。正直にいって、ここにいたる道のりは長く険しいものでしたが、たどり着いた今だから「素晴らしい体験だった」といえます。

そんな素晴らしい体験だからこそ、ひとりでも多くの人にその感動を味わってほしいと思わずにはいられません。

誰もが素晴らしい才能をもっているのに、それに気づいていない人がいかに多いことでしょうか。けれども、ゴールドビジョンによって、本人も気づいていない埋もれた才能を無限に開花させられるようになるのです。

世界中の人々が自分本来の能力に気づき、正しい脳の使い方を習得することで、充実した、幸せな人生を送れるようになる。

そうすれば社会が変わり、国が変わり、さらには世界がいい方向へと変わっていくはずです。

今の私のゴールは「アメリカ大統領」ではありませんが、幼い頃に夢見た「世界をいいものに変えたい」という本筋のところは変わっていないといえるでしょう。

私が独立し、新たに立ち上げた会社の社名は「コノウェイ」といいます。

「コノウェイ」、つまり「この道」であり、一人ひとりのゴールドビジョンへと向かう道です。

自分を変え、現状を超えて突き抜けたいと思う人たちそれぞれの「この道」を、一緒に見つけていきたい。

そんな願いとともに、本書をひとりでも多くの方に届けたいと思っています。

おわりに

私がこの本を書くことができたのは、ひとえに苫米地英人先生とルー・タイスさんのおかげです。

8年前に苫米地英人先生に出会えたことで、私は、脳と心について深く学ぶ機会を得ました。そして、そこで得た知識と技術によって、自分と家族の人生を再構築でき、さらにはコーチングという世界で、自分自身のビジネス経験をフルに活かした事業を立ち上げることができました。

また、ルー・タイスさんのおかげで、私が20代から多くの時間をかけて学んできたさまざまな自己啓発の完成形を知ることができました。ルー・タイスさんは2012年に亡くなってしまったため、ごく短い時間しか共有することができませんでしたが、その教えや考え方に触れるという形で、今も毎日、彼に接し、学んでいます。

ゴールドビジョン・メソッドは、おふたりから学んだこと、そして私が歩んできた波乱万丈の人生を、なんとか生き抜いていく中で体験したすべての出来事から得た智恵を凝縮させた方法論です。

誰でも、たとえどんなに厳しい状況に置かれても、あきらめなければ幸せになれる。そのために具体的な道筋を示したい――そんな信念を込めて作り上げてきました。ゴールドビジョン・メソッドには今の私のすべてが注ぎ込まれています。

おふたりから学ぶことがなければ、決してここまで来ることはできませんでした。苫米地先生とルー・タイスさんには改めてお礼を申し上げます。

また、この本を作るうえでは、ＰＨＰ研究所の池口祥司さんに大変大きなご支援をいただきました。私にとっての1冊目の本であるにもかかわらず、想像もできないようなスピードで企画を通していただき、その後も完成まで支えていただきました。心から感謝いたします。

実際の執筆にあたっては、秦まゆなさん、加藤裕子さん、そして天才工場の吉田浩さん、石野みどりさんに多大なるサポートをいただきました。伝えたいことを形にするにあたって、プロフェッショナルの皆さんの力をお借りすることができたことは、このうえない幸運でした。本当にありがとうございました。

そして、私のコーチングや講義を受けてくださった皆さんへ。皆さんの幸せと成功を願い、その実現を信じてコーチングや講義をさせていただいたおかげで、私も考えが深まりました。その中でゴールドビジョン・メソッドが生まれ、完成し、そしてこの本を書き上げることができました。本当にありがとうございました。

最後になりますが、長い間、数多くの苦労を一つひとつ一緒に乗り越えてくれた妻と息子に、最大限の敬意と感謝の気持ちを表したいと思います。

私のゴールである「世界中のすべての人が自分の能力を発揮して豊かに幸せに暮らしている世界」の実現に向かうために、自分の考えを表現した本を出版することは必須のテーマでしたので、今回、この本を世に出すことができ、大変嬉しく思います。

最後まで読んでくださった皆さま、本当にありがとうございました。この本がひとりでも多くの方のお役に立つようであれば、これにまさる喜びはありません。

２０１６年12月

コノウェイ株式会社　代表取締役　久野和禎

【参考文献】

『人を動かす』デール・カーネギー著、山口博訳（創元社）
『思考は現実化する』ナポレオン・ヒル著、田中孝顕訳（きこ書房）
『成功の掟』マーク・フィッシャー著、近藤純夫監修、上牧弥生訳（日本能率協会マネジメントセンター）
『７つの習慣』スティーブン・R. コヴィー著、ジェームス・J. スキナー／川西茂訳（キング・ベアー出版）
『ＥＱ～こころの知能指数』ダニエル・ゴールマン著、土屋京子訳（講談社）
『１分間自己革命』S. ジョンソン著、小林薫訳（ダイヤモンド社）
『ビジョナリー・カンパニー』ジェームズ・C. コリンズ／ジェリー・I. ポラス著、山岡洋一訳（日経ＢＰ社）
『ビジョナリー・カンパニー２』ジェームズ・C. コリンズ著、山岡洋一訳（日経ＢＰ社）
『まずは親を超えなさい！』苫米地英人著（フォレスト出版）
『心の操縦術』苫米地英人著（ＰＨＰ研究所）
『認知科学への招待』苫米地英人著（サイゾー）
『自分を大きく変える偉人たち、100の言葉』苫米地英人著（ＴＡＣ出版）
『アファメーション』ルー・タイス著、田口未和訳、苫米地英人監修（フォレスト出版）
『才能を伸ばすシンプルな本』ダニエル・コイル著、弓場隆訳（サンマーク出版）
『最高のリーダー、マネジャーがいつも考えているたったひとつのこと』マーカス・バッキンガム著、加賀山卓朗訳（日本経済新聞社）
『ユダヤ人大富豪の教え』本田健著（大和書房）
『非常識な成功法則』神田昌典著（フォレスト出版）
『脳から見える心』岡野憲一郎著（岩崎学術出版社）
『単純な脳、複雑な「私」』池谷裕二著（講談社）
『ゼロ・トゥ・ワン』ピーター・ティール／ブレイク・マスターズ著、関美和訳（ＮＨＫ出版）
『企業変革力』ジョン・P・コッター著、梅津祐良訳（日経ＢＰ社）
『抜擢される人の人脈力』岡島悦子著（東洋経済新報社）
『「心のブレーキ」の外し方』石井裕之著（フォレスト出版）
"Personal Coaching For Results" Lou Tice with Joyce Quick (Thomas Nelson)
『考えるコンピュータ』R. C. シャンク著、渕一博監訳、石崎俊訳（ダイヤモンド社）
『認知科学の基底』M. ミンスキーほか著、山田尚勇ほか訳、佐伯胖編（産業図書）

〈著者略歴〉

久野 和禎（ひさの・かずよし）

コノウェイ株式会社代表取締役。一般社団法人コグニティブコーチング協会副代表。プロコーチ。

1974年、横浜市生まれ。東京大学経済学部卒。筑波大学MBA（International Business専攻）。幼少期をサンフランシスコ、中学高校生時代をロンドンで過ごす。大学卒業後に起業し、２社を並行して経営した後に人材系企業を経て、複数の外資系大企業（タイコエレクトロニクス〈米〉、フィリップス〈蘭〉、ビューローベリタス〈仏〉）で多様なマネジメントポジションを担う。その後、ProFutureを経て、2015年12月にコーチングを軸としてコンサルティングを加えたサービスを提供する総合経営支援企業、コノウェイ株式会社を創業。

全米で数多くの企業・組織に導入されているルー・タイス氏の手法と、苫米地英人氏から学んだ認知科学の知見を融合させ、独自の目標実現メソッド「ゴールドビジョン・メソッド」を開発。

大企業役員、中小企業社長、マネージャー、現場のビジネスパーソンまで幅広い対象のクライアント層に対してコーチングを行なっており、グループ、マンツーマンで1000人以上に対してのコーチング実績を有する。企業に対しては、個々の強みを活かしながら組織にハイパフォーマンスカルチャーを醸成・定着させることを得意とする。テンプル大学にて認知心理学（コーチング）の講義を担当。

思い描いた未来が現実になる
ゴールドビジョン

2017年1月12日　第1版第1刷発行
2025年3月25日　第1版第6刷発行

著　者　久野和禎
発行者　永田貴之
発行所　株式会社ＰＨＰ研究所
東京本部　〒135-8137 江東区豊洲5-6-52
ビジネス・教養出版部　☎03-3520-9619（編集）
普及部　☎03-3520-9630（販売）
京都本部　〒601-8411 京都市南区西九条北ノ内町11
PHP INTERFACE　https://www.php.co.jp/

組　版　有限会社データ・クリップ
印刷所　株式会社光邦
製本所　株式会社大進堂

 ISBN978-4-569-83229-6

推薦の言葉

「菊池さんは、本当はどうなりたいのですか？」

この質問は、久野さんと初めてお会いした時に僕が聞かれたものです。

メジャーに来て一年が経過したあと、僕はメジャーで活躍するためには本格的に色々なことを変えないといけないと思いました。長年の夢だったメジャーリーガーになれたことで、どこか満足してしまっている自分がいるのを感じたからです。そんな時に、信頼する方からご紹介いただいた久野さんのこの言葉が胸に刺さりました。

その後、定期的にコーチングをしてもらうようになり、「ゴールドビジョン・メソッド」を学び、セッションを重ねていくごとに、自分が本当になりたい姿が見えるようになってきました。もっと早く出会っていれば良かったと思う一方、自分にとっては最高のタイミングだったのではないかと思います。

「ゴールドビジョン・メソッド」と久野さんのコーチングによって、野球の成果も上がり、将来に対する展望も拓けました。苦しい時に自信を取り戻すこともできました。岩手県花巻市に作らせていただいた複合野球施設「King of the Hill」も、まさにゴールドビジョンの賜物です。皆さんが思い描く未来を実現するうえでも、本書はきっと大きな力になってくれるはずです。

菊池雄星（メジャーリーグ投手）